Start.nl – deel 1

Website

This publication consists of a book and a website. Go to **www.coutinho.nl/start1** and sign in with your Coutinho account. (If you do not have an account yet, you need to open one first.) Then fill in the unique code below. This code gives access to the website.

0001-DE22-07B7-4AE8-3FC5

Start.nl
Dutch for Beginners
deel 1

Katja Verbruggen
Welmoed Hoogvorst

uitgeverij coutinho | c

bussum 2016

Webondersteuning
Deze uitgave bestaat uit een boek en een website. De website is te vinden via www.coutinho.nl/start1.

© 2013 Uitgeverij Coutinho bv
Alle rechten voorbehouden.
Behoudens de in of krachtens de Auteurswet van 1912 gestelde uitzonderingen mag niets uit deze uitgave worden verveelvoudigd, opgeslagen in een geautomatiseerd gegevensbestand, of openbaar gemaakt, in enige vorm of op enige wijze, hetzij elektronisch, mechanisch, door fotokopieën, opnamen, of op enige andere manier, zonder voorafgaande schriftelijke toestemming van de uitgever.
Voor zover het maken van reprografische verveelvoudigingen uit deze uitgave is toegestaan op grond van artikel 16h Auteurswet 1912 dient men de daarvoor wettelijk verschuldigde vergoedingen te voldoen aan Stichting Reprorecht (Postbus 3051, 2130 KB Hoofddorp, www.reprorecht.nl). Voor het overnemen van (een) gedeelte(n) uit deze uitgave in bloemlezingen, readers en andere compilatiewerken (artikel 16 Auteurswet 1912) kan men zich wenden tot Stichting PRO (Stichting Publicatie- en Reproductierechten Organisatie, Postbus 3060, 2130 KB Hoofddorp, www.stichting-pro.nl).

Eerste druk 2013, derde oplage 2016

Uitgeverij Coutinho
Postbus 333
1400 AH Bussum
info@coutinho.nl
www.coutinho.nl

Omslag en tekeningen (m.u.v. p. 46-47, 52, 92): Merel Brouns, Amsterdam
Foto's binnenwerk: © Hollandse Hoogte (p. 13, 23, 33, 43, 57, 69, 79, 87, 101, 111) en © Shutterstock

Noot van de uitgever
Wij hebben alle moeite gedaan om rechthebbenden van copyright te achterhalen. Personen of instanties die aanspraak maken op bepaalde rechten, wordt vriendelijk verzocht contact op te nemen met de uitgever.

ISBN 978 90 469 0335 3
NUR   624

Inleiding

Start.nl is gemaakt voor mensen die snel Nederlands willen leren op een communicatieve en interactieve manier.

De lessen bereid je voor met het digitale gedeelte van de cursus. Luisteren, spreken en oefeningen maken doe je allemaal op de website.
In de les gebruik je het boek. Met spreekoefeningen en opdrachten breng je in praktijk wat je thuis al hebt geleerd.
Na de les doe je nog extra oefeningen met het digitale deel, zodat je alles goed kunt onthouden.

Als je alle tien hoofdstukken van Start.nl afgerond hebt, kun je je redden in veel voorkomende dagelijkse situaties en je kunt eenvoudige gesprekjes voeren. Je hebt dan A1 van het ERK bereikt.

We wensen je veel plezier met deze cursus!

Katja Verbruggen en Welmoed Hoogvorst

Introduction

Start.nl is for people who want to learn Dutch quickly in a communicative and interactive way.

You prepare group lessons with the digital part of the course material. The preparation on the webste consists of listening, speaking and other exercises.
The book is used at the group lessons. The exercises in the book give you an opportunity to put your preparation into practice.
After the lesson you do more exercises in the digital part to assimilate what you have learned.

When you have finished all ten chapters of Start.nl, you can manage in daily situations and have simple conversations. You will have reached A1 of the CEFR.

We wish you a pleasant course!

Katja Verbruggen and Welmoed Hoogvorst

Contents

About the website   **10**
Instructions   **11**

	You will learn to …	**On the website**
		grammar and vocabulary
1 – Hoe heet je?		
	introduce someone / yourself say where you come from ask where someone comes from spell count to 10 ask / say how you are ask / say what you are studying	personal pronouns (singular) possessive pronouns (singular) regular verbs (singular) irregular verbs (singular)
2 – Wat zijn je hobby's?		
	talk about hobbies invite someone say you like / dislike something ask what someone likes to do count to 100	personal pronouns (plural) possessive pronouns (plural) inversion verb conjugation (plural)
3 – Wie is dat?		
	talk about your family talk about appearance and character	articles plural of nouns negation: *geen*
4 – Wat doe je?		
	talk about daily activities tell time ask when something will happen (what day, what time) make an appointment	separable verbs reflexive verbs inversion irregular verbs: *zullen, kunnen, willen, mogen*

In the book			Page
Pronunciation	Language	Culture	
vowels	alphabet countries and languages numbers	*u / je* (you formal / informal)	**13**
vowel combinations	hobbies numbers prices	the Pieterpad	**23**
-ig, -lijk	family members appearance character main sentence + main sentence conjunctions: *en, maar, of, want* words of gradation	family relations	**35**
final *-n*	daily activities the clock make an appointment	daily meals	**45**

5 – Wat kost dat?	
do grocery shopping ask where something is ask the price ask the weight name the months	object form negation: *niet* diminutive

6 – Van welk spoor vertrekt de trein?	
ask about the arrival and departure times ask where the bus goes / stops book a trip book a hotel room	imperative negation: *niet – geen* conjunctions: *omdat*

7 – Waar woon je?	
talk about your house ask someone's address	numerals *er* (indefinite subject) comparatives demonstrative pronouns

8 – Wat heb je gisteren gedaan?	
talk about events in the past talk about holiday activities	present perfect simple tense irregular verbs: *gaan, komen, doen, zijn, eten* inversion

9 – Mag ik bestellen?	
order in a bar or restaurant make a reservation at a restaurant talk about food and drinks	*zouden* for a friendly question conjunction *dat*

10 – Hebt u hem een maat groter?	
ask about clothes Specify the colours say something is wrong talk about sizes	adjectives pronouns for objects superlatives

Appendixes

1 Transcripts and B-roles for exercises **121**
2 Grammar **130**
3 Irregular verbs **143**

connected speech	weights ask the price say the price numerals ask and understand where something is	to safe money	**57**
sjwa ə	make a hotel reservation *omdat* + subordinate clauses imperative prepositions	paying on public transport	**69**
-ig, -lijk (refresher)	talk about service *deze, die, dit, dat* comparatives verbs of position	architect Piet Blom	**81**
final *-n* (refresher)	the past simple tense verbs of transportation	the Netherlands and the sea	**91**
hij	order food like / dislike food *zijn* + *aan het* + infinitive	tipping	**101**
ie, ou, au, ui, ei, ij, eu (refresher)	phrases in a clothing shop too + adjectives	fashion designers	**111**

About the website

www.coutinho.nl/start1

This publication consists of a book and a website. There are ten chapters on the website, each of which has two parts, preparation and exercises. The preparation consists of dialogue, grammar and vocabulary. The exercises focus on speaking, vocabulary, grammar, listening and understanding.
For each chapter on the website, there is a key to the exercises in the book and a test. There is also a complete vocabulary list with context sentences and audio fragments, and there are audio fragments that go with the book. At the website, teachers can request the teaching material. This material consists of a teachers' manual, the role playing assignments from the book and two assessments (Chapter 1-5 and Chapter 6-10).

Go to www.coutinho.nl/start1 and sign in with your Coutinho account. (If you do not have an account yet, you need to open one first.) Then fill in the unique code on page 2 in your book. This code gives access to the website.

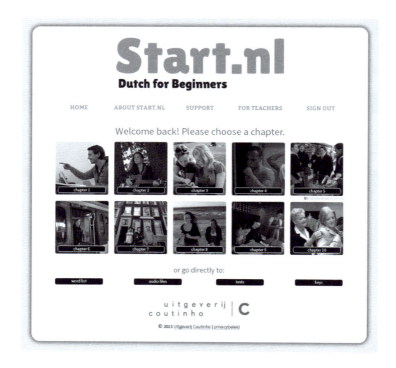

Instructions

- Prepare your group lesson using the preparation at the website. Go to **www.coutinho.nl/start1**, sign in and choose the right chapter. Then select **preparation**. (You can find more information about the website on the left-hand page, page 10.)
- Use your book for the group lesson. You can find one or two of the following icons in the exercises:

 speaking

 listening + track numbers

 reading

 writing

 pronunciation

 grammar

 internet task (see the preparation on the website)

 reflection

You can find the transcripts and B-roles for the exercises in Appendix 1. Appendix 2 has more information about grammar. If you want to check your answers to the closed ended questions, go to the website and download the keys.

- Do more exercises after the lesson. Go to **www.coutinho.nl/start1**, sign in, choose the chapter you want and select **exercises**. Choose a topic: speaking, grammar, vocabulary or listening and understanding.
- After you have done all the exercises, you can take a test. There is one test for each chapter on the website.

 You can share experiences with other users on the book's Facebook page. The link to the Facebook page is on the website.

1

Hoe heet je?

Doe eerst de **preparation** op de website.

After this chapter you can:
- introduce someone / yourself
- say where you come from
- ask where someone comes from
- spell
- count to 10
- ask / say how you are
- ask / say what you are studying

hoofdstuk 1

Oefening 1
Vul in. Werk samen.

Mijn naam: _____

Ik kom uit: _____

Ik studeer: _____

De naam van mijn docent: _____

De naam van drie medecursisten:

_____ uit _____

_____ uit _____

_____ uit _____

Oefening 2
Luister naar de dialogen en beantwoord de vragen.

1. Peter komt uit Amerika.   waar / niet waar
2. Maria komt uit Italië.   waar / niet waar
3. De spelling is A-L-A-K-S-I.   waar / niet waar
4. Hij komt uit Polen.   waar / niet waar
5. Sandra komt uit Nederland.   waar / niet waar

Kijk nu naar de tekst op bladzijde 121 en controleer je antwoorden.

Het alfabet
Luister naar de docent en zeg de letters na.

A	B	C	D	E	F	G	H	I	J	K	L	M
…	…	…	…	…	…	…	…	…	…	…	…	…
N	O	P	Q	R	S	T	U	V	W	X	Y	Z
…	…	…	…	…	…	…	…	…	…	…	…	…

Hoe schrijf je dat?
Hoe spel je dat?
Kun je dat spellen?

Hoe heet je?

Oefening 3

Kijk naar de kaart van Europa. Spel de naam van een land.
Je medecursist wijst het land aan en zegt welke taal ze daar spreken.

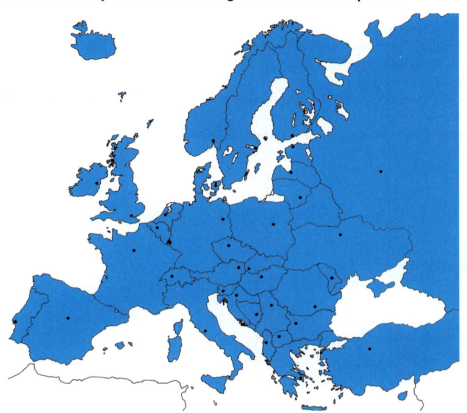

Oefening 4

Cursist A kijkt naar dit schema. Cursist B kijkt naar het schema op bladzijde 121.
Stel vragen en vul het schema in.
Wat is de achternaam van Peter? Hoe spel je dat? Waar komt hij vandaan? Welke taal spreekt hij?

Cursist A

Voornaam	Achternaam	Land	Taal
Peter			Engels
	Figueroa		
Jonas		Duitsland	Duits

15

hoofdstuk 1

Oefening 5
Praat met drie cursisten in jouw groep. Schrijf de antwoorden op.

Voorbeeld:
Hoe heet je? Hoe spel je dat?
Wat is je achternaam? Hoe schrijf je dat?
Waar kom je vandaan? Kun je dat spellen?
Welke talen spreek je?
In welke straat woon je? Kun je jouw straatnaam spellen?

Vertel nu de antwoorden aan een andere medecursist.

Voorbeeld:
Zijn naam is Hoa.
Hij komt uit China.

Vragen hoe het gaat

Hoe gaat het?	Met mij gaat het …
Hoe gaat het met u / je?	Uitstekend, goed, prima, best, het gaat wel,
Hoe gaat het ermee?	niet zo goed, slecht …
Hoe is het?	
Alles goed?	

Oefening 6
**Je krijgt een woord. Loop rond. Laat zien hoe het met je gaat: ☺ of ☹.
Je medecursisten moeten het woord raden.**

Oefening 7
2
Luister naar de dialoog en beantwoord de vragen.

1   Waar komt Anna vandaan?

_____

2   Waar woont Anna?

_____

Hoe heet je?

3   Hoe gaat het met Anna?
    _____

4   Hoe gaat het met Carlos?
    _____

5   Waar komt Carlos vandaan?
    _____

Kijk nu naar de tekst op bladzijde 121 en controleer je antwoorden.

0	1	2	3	4	5	6	7	8	9	10
nul	een	twee	drie	vier	vijf	zes	zeven	acht	negen	tien

Getallen

Wat is jouw telefoonnummer?
Mijn telefoonnummer is …

Oefening 8
Vraag het telefoonnummer van een medecursist en schrijf het op. Geef het nummer aan de docent. Je krijgt een ander telefoonnummer. Loop rond en zoek jouw eigen nummer.

> Mijn nummer is …
> Heb je nummer …?
> Ik zoek nummer …

Oefening 9
Teken een huis met een kruis (zie het voorbeeld). De pen mag niet van het papier. Je mag geen dubbele lijnen tekenen. Werk samen met een medecursist.

> *Voorbeeld:*
> Van 1 naar 2. Van … naar …

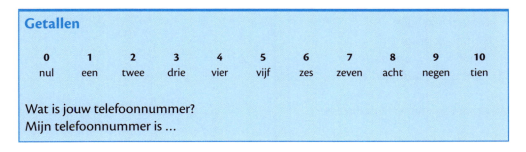

hoofdstuk 1

Oefening 10
Zeg de docent na.

a-aa	man – maan
e-ee	vel – veel
i-ie	dip – diep
o-oo	kop – koop
u-uu	bus – huur

Ik kom uit Amerika.
Hij spreekt Spaans en Portugees.
Ze kan haar naam spellen.
Hier wonen veel Ieren en Finnen.
Dit is een lief dier.
Kom je ook morgen?
Woon je op Lombok?
Kunt u uw naam spellen?

Werk samen met een medecursist.

Oefening 11
Speel galgje met de woorden uit de les.

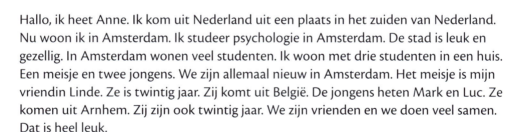

Oefening 12
Lees de tekst.

Hallo, ik heet Anne. Ik kom uit Nederland uit een plaats in het zuiden van Nederland. Nu woon ik in Amsterdam. Ik studeer psychologie in Amsterdam. De stad is leuk en gezellig. In Amsterdam wonen veel studenten. Ik woon met drie studenten in een huis. Een meisje en twee jongens. We zijn allemaal nieuw in Amsterdam. Het meisje is mijn vriendin Linde. Ze is twintig jaar. Zij komt uit België. De jongens heten Mark en Luc. Ze komen uit Arnhem. Zij zijn ook twintig jaar. We zijn vrienden en we doen veel samen. Dat is heel leuk.

1 Anne woont in het zuiden van Nederland.   waar / niet waar
2 In het huis van Anne wonen vier personen.   waar / niet waar
3 Anne komt uit België.   waar / niet waar
4 Mark woont al twintig jaar in Arnhem.   waar / niet waar

Hoe heet je?

Oefening 13
Onderstreep de woorden uit de woordenlijst die je belangrijk vindt.

> **U / je**
>
> In Dutch we have two ways to say **you**: **u** is formal and **je** is informal. We use **u** when a person is older, is in a professional capacity or has a high position. **Je** is used for children, relatives and friends or people of around the same age.
> Sometimes it is difficult to decide which is best to use. Then it is best to be formal and say **u**. The other person can always invite you to use **je**.
> Note: even the Dutch sometimes have difficulty choosing the right form. **Bedankt** (instead of **dank u** / **dank je**) is a useful word in this case.

Doe nu de exercises op de website. Als je klaar bent met de exercises kun je de test bij hoofdstuk 1 maken.

Op de volgende pagina vind je een woordenlijst in volgorde van opkomst.

hoofdstuk 1

hoofdstuk, het	chapter, the	**controleren**	to check
oefening, de	exercise, the	**letter, de**	letter, the
werken	to work	**schrijven**	to write
samen	together	**dat**	that
mijn	my	**kunnen**	to be able, can
naam, de	name, the	**kijken**	to look
ik	I	**naar**	at
komen	to come	**kaart, de**	map, the
studeren	to study	**van**	of / from
docent, de	teacher, the	**Europa**	Europe
uit	from	**land, het**	country, the
wie	who	**aanwijzen**	to point at
vandaan	from	**zeggen**	to say
luisteren	to listen	**welk(e)**	what / which
beantwoorden	to answer	**taal, de**	language, the
vraag, de	question, the	**ze**	they
jij	you (informal)	**daar**	there
Nieuw-Zeeland	New Zealand	**spreken**	to speak
Italië	Italy	**voornaam, de**	first name, the
wonen	to live	**achternaam, de**	last name, the
nu	now	**zijn**	to be / his
Nederland	Netherlands, the	**Engeland**	England
hoi	hi	**Spanje**	Spain
hoe	how	**hij**	he
heten	to be named, to be called	**praten**	to talk
spellen	to spell	**straat, de**	street, the
je	you (informal)	**vertellen**	to tell
jouw	your	**ander(e)**	other
waar	where	**vragen**	to ask
Polen	Poland	**gaan**	to go
Duitsland	Germany	**het**	the / it
maar	but	**met**	with
moeder, de	mother, the	**u**	you (formal)
Nederlandse	Dutch (female)	**alles**	everything
waar	true	**goed**	good
niet	not	**mij**	me
tekst, de	text, the	**uitstekend**	excellent

Hoe heet je?

prima	fine	**hebben**	to have
best	good	**tekenen**	to draw
zo	so	**hoeveel**	how much
slecht	bad	**huis, het**	house, the
krijgen	to get / to receive	**pen, de**	pen, the
woord, het	word, the	**mogen**	to be allowed to, may
lopen	to walk	**papier, het**	paper, the
rond	around	**geen**	no
zien	to see	**dubbel**	double
moeten	to have to	**lijn, de**	line, the
raden	to guess	**man, de**	man, the
nieuw	new	**maan, de**	moon, the
groep, de	group, the	**vel, het**	skin, the
ja	yes	**veel**	much, many
kloppen	to knock	**dip, de**	dip, the
leuk	nice, fun	**diep**	deep
een beetje	a bit	**kop, de**	head, the
moe	tired	**koop, de**	buy, the
ook	also, too	**bus, de**	bus, the
nee	no	**huur, de**	rent, the
Colombia	Colombia	**galgje spelen**	to play hangman
aangenaam	nice, pleasant	**lezen**	to read
getal, het	number, the	**plaats, de**	place, the
nul	zero	**zuiden, het**	south, the
een	one	**en**	and
twee	two	**gezellig**	nice, cosy, pleasant
drie	three	**student, de**	student, the
vier	four	**meisje, het**	girl, the
vijf	five	**jongen, de**	boy, the
zes	six	**vriendin, de**	friend, the (female)
zeven	seven	**jaar, het**	year, the
acht	eight	**zij**	she / they
negen	nine	**we / wij**	we
tien	ten	**doen**	to do
telefoonnummer, het	phone number, the	**heel**	very
geven	to give	**maken**	to make, to do
zoeken	to search		

Einen langen Klang in einer offenen Silbe schreiben wir nur mit einem Vokal.

2

Wat zijn je hobby's?

Doe eerst de **preparation** op de website.

After this chapter you can:
- talk about hobbies
- invite someone
- say you like / dislike something
- ask what someone likes to do
- count to 100

hoofdstuk 2

Oefening 1
Wat vind jij leuk?

ik vind ... leuk!

	🙂 leuk	😐 een beetje leuk	☹️ niet leuk
naar de film gaan	☐	☐	☐
zwemmen	☐	☐	☐
voetballen	☐	☐	☐
tennissen	☐	☐	☐
boodschappen doen	☐	☐	☐
gitaar spelen	☐	☐	☐
koken	☐	☐	☐
thuisblijven	☐	☐	☐

Praat met een medecursist hierover.

Voorbeeld:
Wat is je hobby?
Waar houd je van?
Wat vind je leuk?
Wat doe je in je vrije tijd?

Oefening 2
Luister naar de dialoog. Vul het schema in.

Kies uit: dansen – pianospelen – voetballen – fitnessen

	🙂 Hobby	☹️ Houdt niet van
Anna	dansen	
Tim	voetballen	dansen
Lisa	piano spelen, fitnessen	

Kijk naar de tekst op bladzijde 122 en controleer je antwoorden.

Wat zijn je hobby's?

Oefening 3

Kijk naar de plaatjes. Wat is hun hobby? Werk samen met een medecursist.
Let op inversie.

Zijn hobby is …   Hij vindt … leuk.
Haar hobby is …   … vindt hij leuk.
Hij houdt van …   Ik … in mijn vrije tijd.
Zij … graag.   In mijn vrije tijd … ik.

Oefening 4
Maak het schema compleet. Cursist B gebruikt het schema op bladzijde 122.

Voorbeeld:
Wat doet Peter graag?
Peter … graag.
Wat vindt Carla niet leuk?
Carla vindt … niet leuk.

hoofdstuk 2

Cursist A

	😊 leuk	☹ niet leuk
Peter	reizen	
Carla		skypen
Jessica	naar muziek luisteren	
Bruno		fitnessen
Jack	koken	

Oefening 5
Je krijgt een kaartje met een hobby. Je mag niet praten. Je medecursisten moeten raden welke hobby het is.

Oefening 6
Zeg de docent na.

au-ou	blauw, gauw, auto
	jou, houden, kou, vrouw
ei-ij	ei, reizen, meisje
	hij, vrijdag, vijf, zijn
eu	neus, deur, kleur, leuk
ie	muziek, iedereen, fiets
oe	goed, doen, boek
ui	muis, luisteren, huis, uit

Het meisje op reis ziet blauw van de kou.
Jullie komen vrijdag om vijf uur bij mij.
De muis rent zijn huis uit.
De deur van de keuken heeft een leuke kleur.
In het huis wonen vier Griekse mannen.
Ik luister naar muziek en lees een goed boek.

Wat zijn je hobby's?

Oefening 7
Maak zinnen met de woorden in de wolkjes. Werk samen.

- boodschappen doen, na de les, ik
- vanavond, naar de film, mijn vriend en ik
- morgen, koffie drinken, Anna en Lisa
- pianospelen, in het weekend, onze buurman
- ik, in het weekend, …

1 Vanavond, gaan mijn vriend en ik naar de film
2 Ik doe boodschappen na de les.
3 Anna en Lisa gaan morgen koffie drinken
4 In het weekend houdt onze buurman pianospelen
5 In het weekend ik drink alcohol

Getallen

Zeg de docent na.

11	12	13	14	15	16	17
elf	twaalf	de**r**tien	**vee**rtien	vijftien	zestien	zeventien

18	19	20
ach**tt**ien	negentien	twintig

30	40	50	60	70	80	90	100
de**r**tig	**vee**rtig	vijftig	zestig	zeventig	**t**achtig	negentig	honderd

hoofdstuk 2

Oefening 8
Praat met drie medecursisten.

Wat is je / jouw adres?
Wat is je / jouw huisnummer?
Wat is je / jouw postcode?
Wat is je / jouw leeftijd?

Mijn adres is …

Cursist 1	
Adres:	Huisnummer:
Postcode:	Leeftijd: jaar

Cursist 2	
Adres:	Huisnummer:
Postcode:	Leeftijd: jaar

Cursist 3	
Adres:	Huisnummer:
Postcode:	Leeftijd: jaar

Oefening 9
Welke getallen ontbreken? Werk samen.

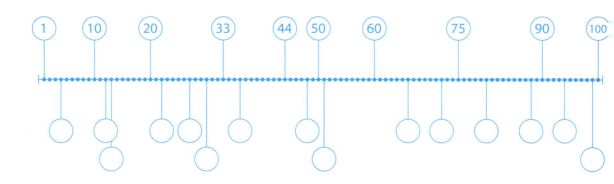

Oefening 10
Werk in tweetallen. Cursist A vraagt cursist B wat het kost. Wissel van rol.

Voorbeeld:
Ik ga twee keer zwemmen en één keer naar de sauna. Wat kost het?

Tarieven sportschool	
Zwemmen	€ 3,50 per keer
Fitness	€ 5,- per keer
Spinning	€ 4,30 per keer
Sauna	€ 2,25 per keer

Oefening 11
Oefen met inversie. Werk samen.

Voorbeeld:
Cursist A: Hij eet vanavond pizza.
Cursist B: Vanavond eet hij pizza.

Cursist A
Ze studeren vanavond Nederlands.
Ik ga morgen naar de film.
We eten in het weekend pizza.
Ze gaan iedere dag joggen.

Cursist B
Vanavond …
Morgen …
In het weekend …
Iedere dag …

Cursist B
Hij voetbalt vanmiddag.
Ik doe na de les boodschappen.
We drinken vanmiddag koffie met de cursisten.
Ze gaan in het weekend boodschappen doen.

Cursist A
Vanmiddag …
Na de les …
Vanmiddag …
In het weekend …

hoofdstuk 2

Oefening 12
Lees de brief en beantwoord de vragen.

Hoi Karin,

Hoe is het met je? Met mij gaat het goed.
Het is erg leuk op de camping. Lisa en Nicole zijn er ook.
We zwemmen en volleyballen veel. Nicole gaat vanmiddag vissen. Misschien eten we vanavond vis.
Lisa kookt vaak, dat is haar hobby. Ze kan heel lekker koken. Wat een geluk.
Meestal doen Lisa en ik boodschappen. Nicole vindt boodschappen doen vreselijk.
Zij gaat nooit mee.
Heb je zin om ook te komen?
Groetjes Tessa

Karin Vermeer
Zeeweg 11
1100 AA Amsterdam

---

1 Wie schrijft de kaart?
   ☐ a Karin
   ☐ b Lisa en Nicole
   ☐ c Tessa

2 Wie doet nooit boodschappen?
   ☐ a Lisa
   ☐ b Nicole
   ☐ c Tessa

3 Wie vindt koken leuk?
   ☐ a Karin
   ☐ b Lisa
   ☐ c Nicole

Wat zijn je hobby's?

Oefening 13
Kijk naar de woorden in de woordenlijst. Wat zie je meer: *de* of *het*?

The Pieterpad
The Pieterpad is a long walking route in the Netherlands. The trail goes 485 kilometres (301 miles) south from Pieterburen in the northern part of Groningen through the eastern part of the Netherlands to just south of Maastricht on the top of Mount Saint Peter (St Pietersberg) at an altitude of 109 metres (358 feet). The Pieterpad is one of the official Long Distance Walking Routes in the Netherlands (Lange Afstand Wandelpad Nummer 9) and by far the most popular. You can walk the route all year round in either direction. It is clearly signposted and well served by public transport and accommodations from one end to the other. The official guide book is in two volumes, Pieterburen-Vorden and Vorden-Maastricht. A Dutch website provides updated accommodation details. Although the walk is always easy and never too remote, it is varied and often beautiful, passing through woods, polders, heaths and numerous small Dutch villages.
Source: Wikipedia

Doe nu de exercises op de website. Als je klaar bent met de exercises kun je de test bij hoofdstuk 2 maken.

Op de volgende pagina vind je een woordenlijst in volgorde van opkomst.

hoofdstuk 2

wat	what	wandelen	to walk / to hike
hobby, de	hobby, the	blauw	blue
film, de	movie, the	gauw	soon
zwemmen	to swim	auto, de	car, the
voetballen	to play soccer	kou, de	cold, the
tennissen	to play tennis	vrouw, de	woman, the
boodschappen doen	to do grocery shopping	ei, het	egg, the
gitaar, de	guitar, the	neus, de	nose, the
spelen	to play	deur, de	door, the
koken	to cook	keuken, de	kitchen, the
thuisblijven	to stay at home	kleur, de	colour, the
blijven	to stay	iedereen	everybody
houden van	to love	boek, het	book, the
vinden	to find	muis, de	mouse, the
vrij	free	rennen	to run
tijd, de	time, the	vanavond	this evening, tonight
dansen	to dance	morgen	tomorrow
pianospelen	to play the piano	koffie, de	coffee, the
ha	hi	drinken	to drink
danken	to thank	buurman, de	neighbour, the
dansles, de	dancing lesson, the	weekend, het	weekend, the
zin hebben	to feel like	adres, het	address, the
niets	nothing	nummer, het	number, the
veel	a lot, much	huisnummer, het	house number, the
bewegen	to move	postcode, de	postal code, the
mooi	beautiful	leeftijd, de	age, the
muziek, de	music, the	kosten	to cost
begeleiden	to accompany	tarief, het	price, the
ons	us	keer, de	time, the
best wel	quite	eten	to eat
joggen	to jog	ieder	every
volleyballen	to play volleyball	vanmiddag	this afternoon
skypen	to Skype	na	after
graag	to like to do, please	brief, de	letter, the
reizen	to travel	erg	terrible / very
fietsen	to cycle	vissen	to fish

Wat zijn je hobby's?

vis, de	fish, the
lekker	nice, good, tasty
geluk, het	luck, the / happiness, the
meestal	most of the time
vreselijk	awful
nooit	never
meegaan	to join

3

Wie is dat?

Doe eerst de **preparation** op de website.

After this chapter you can:
- talk about your family
- talk about appearance and character

hoofdstuk 3

Oefening 1
Vul in en praat met een medecursist.

Mijn vader heet _____. Hij is _____ jaar oud.

Mijn moeder heet _____. Zij is _____ jaar oud.

Ik heb _____ broer(s). Ik heb _____ zus(sen).

Ik heb _____ opa('s) en _____ oma('s).

Oefening 2
Cursist A leest de vraag, cursist B zegt het goede woord. Wissel van rol.

Cursist A

Wie is de broer van mijn moeder?
Wie is de moeder van mijn vader?
Wie is de dochter van mijn oom?
Wie is de man van mijn zus?

Cursist B
Kies uit:
oma
zwager
oom
nicht

Cursist B

Wie is de zoon van mijn oom?
Wie is de vrouw van mijn broer?
Wie is de vader van mijn vader?
Wie is de zus van mijn moeder?

Cursist A
Kies uit:
schoonzus
tante
neef
opa

Oefening 3
Luister naar de tekst en beantwoord de vragen.

1. Mijn ouders hebben …
   - [ ] a twee kinderen.
   - [ ] b drie kinderen.
   - [ ] c vier kinderen.

2. Mijn oudste broer …
   - [ ] a woont samen.
   - [ ] b is getrouwd.
   - [ ] c is gescheiden.

3. Mijn jongste broer …
   - [ ] a woont samen.
   - [ ] b is getrouwd.
   - [ ] c heeft geen kinderen.

4. Mijn vader heeft …
   - [ ] a geen zussen.
   - [ ] b één zus.
   - [ ] c twee zussen.

Wie is dat?

5 Mijn moeder heeft ...
- a geen zussen.
- b één zus.
- c twee zussen.

7 Ik heb ...
- a één oma.
- b twee oma's.
- c geen oma.

6 Ik heb ...
- a twee nichten.
- b drie nichten.
- c vier nichten.

Oefening 4
Luister nog een keer naar het fragment. Teken de stamboom van de familie. Lees de tekst op bladzijde 122-123 en controleer de stamboom.

Oefening 5
Luister naar de docent en zeg na. Let op de uitspraak van *-ig* en *-lijk*.

Herhaal de volgende woorden:

gezellig	Ik vind Amsterdam gezellig.
vrolijk	Anna is altijd heel vrolijk.
uiterlijk	Beschrijf zijn uiterlijk.
lijk	Lijk jij op je zus?
grappig	Natuurlijk moet een clown grappig zijn.
natuurlijk	Kom je vanavond? Natuurlijk!
aardig	Mijn docent is heel aardig.
slordig	Ben jij slordig?

Lees de zinnen nog een keer. Werk samen.

Oefening 6
Stel vragen over de familie van je medecursist. Beantwoord de vragen van je medecursist. Denk aan *geen*.

Voorbeeld:
Heb je een oom? Nee, ik heb geen oom.
Heb je een broer? Nee, ik heb geen broer.
Heb je een zus? Ja, ik heb twee zussen.

hoofdstuk 3

Oefening 7
Kies het goede plaatje.

1 Lang, krullend haar, bril, normaal postuur: plaatje _twee_

2 Dik, klein, blond haar, kort haar: plaatje _een_

3 Dun, zwart haar, gespierd: plaatje _drie_

Oefening 8
Wat past bij welk beroep? Werk samen.

Kies uit: grappig – sportief – vrolijk – netjes – precies – zelfverzekerd – aardig – ijverig – snel – slim – sterk

	wel	niet
dokter		
clown		
topsporter		
secretaresse		
manager		

Wie is dat?

Oefening 9
Je fiets is gestolen. Wie is de dief? Kijk naar de plaatjes en luister naar de tekst.

✗

Controleer je antwoord met de tekst op bladzijde 123.

Oefening 10
Zoek het tegenovergestelde.

1	geduldig	a	nuchter	1	=	f
2	lui	b	netjes	2	=	c
3	slim	c	ijverig	3	=	j
4	druk	d	somber	4	=	h
5	aardig	e	optimistisch	5	=	m
6	slordig	f	ongeduldig	6	=	b
7	sportief	g	realistisch	7	=	i
8	snel	h	rustig	8	=	l
9	pessimistisch	i	niet sportief	9	=	e
10	romantisch	j	dom	10	=	g
11	zelfverzekerd	k	onzeker	11	=	k
12	emotioneel	l	langzaam	12	=	a
13	vrolijk	m	gemeen	13	=	d

hoofdzin	+	hoofdzin
Ik ben heel sportief	**en**	ik ben vrolijk.
Rick is geduldig	**maar**	hij is ook snel.
Ben je romantisch	**of**	ben je realistisch?
Ik kom vandaag niet	**want**	ik kom morgen.

hoofdstuk 3

Oefening 11
Kijk naar de woorden in het kader.

gradatie	
heel erg	
erg	Ik ben **heel erg** romantisch, maar ik ben **niet zo** sportief.
best wel	Ik ben **best wel** slim, maar ik ben **helemaal niet** netjes.
een beetje	
niet zo	
helemaal niet	

Vertel een medecursist over jezelf. Gebruik de adjectieven van oefening 10.

Oefening 12
Lees de tekst en beantwoord de vragen.

Mijn tante, de zus van mijn moeder, woont in Bangkok. Zij woont daar met haar man en drie kinderen. Volgende week komen ze bij ons logeren. Dat vind ik heel erg leuk. Mijn neef en nichten zijn ongeveer even oud als ik en mijn twee broers. Met z'n zessen gaan we leuke dingen doen. We lijken heel veel op elkaar. Mijn broers zijn wel veel groter, maar we hebben alle zes blond haar en groene ogen. Mensen denken dat we alle zes broers en zussen zijn.
We vinden gelukkig dezelfde dingen leuk. We gaan tennissen, we gaan veel fietsen en we gaan natuurlijk ook uit. Naar de film en naar cafés in de stad. Misschien gaan we ook nog naar een muziekfestival.

1 Ik heb twee nichten.   waar / niet waar
2 Mijn oom woont in Bangkok.   waar / niet waar
3 Wij zijn thuis met twee kinderen. waar / niet waar
4 Mijn neven zijn heel anders dan ik. waar / niet waar
5 We gaan naar een film in een café. waar / niet waar

Oefening 13
Kijk naar de woordenlijst en <u>onderstreep</u> de woorden die lijken op Engelse woorden.

Voorbeeld:
<u>vader</u> ≈ father

Family relations

To understand family relations in the Netherlands, it is essential to note that Dutch has two words for family. Many European countries just have one.

So let us focus on the words **gezin** and **familie**. **Gezin** refers to the narrow meaning of family. It refers to the nuclear family, the people who belong to one's household, traditionally a husband, wife and children. Of course other constellations are possible in modern society. **Familie** refers to the extended family, including everyone who is related biologically or legally (e.g. by marriage). This is an essential distinction in Dutch society, which was made in Dutch law as early as the 15th century. The relationship between members of a **gezin** and the rest of the **familie** is looser than in most European societies. The ties between members of a **gezin** are close. The ties with members of the **familie** are not as close as they generally are in other European societies.

Source: http://elib.kkf.hu/nether/holland/everyday/EN.htm

Doe nu de exercises op de website. Als je klaar bent met de exercises kun je de test bij hoofdstuk 3 maken.

Op de volgende pagina vind je een woordenlijst in volgorde van opkomst.

hoofdstuk 3

vader, de	father, the	slordig	sloppy
oud	old	lang	long
broer, de	brother, the	krullend	curly
zus, de	sister, the	haar, het	hair, the
zoon, de	son, the	bril, de	glasses, the
opa, de	grandfather, the	normaal	normal
oma, de	grandmother, the	postuur, het	posture, the
wisselen	to change	dik	thick
dochter, de	daughter, the	klein	small
tante, de	aunt, the	blond	blond
oom, de	uncle, the	kort	short
nicht, de	niece, the / female cousin, the	dun	thin
		zwart	black
neef, de	nephew, the / cousin, the	gespierd	muscular
schoonzus, de	sister-in-law, the	beroep, het	profession, the
zwager, de	brother-in-law, the	clown, de	clown, the
kind, het	child, the	topsporter, de	professional athlete, the
jong	young	secretaresse, de	secretary, the
nog	yet / still / further	sportief	sporty
getrouwd	married	netjes	decent
gescheiden	divorced	precies	precise, exactly
overleden	deceased	zelfverzekerd	confident
leven	to live	ijverig	diligent
dood	dead	snel	fast, quickly
stamboom, de	family tree, the	slim	smart, intelligent
familie, de	family, the	sterk	strong
herhalen	to repeat	fiets, de	bicycle, the
uitspraak, de	pronunciation, the	gestolen	stolen
altijd	always	jammer	unfortunately / a pity
vrolijk	gay, cheerful	iemand	somebody
beschrijven	to describe	wegfietsen	to bike away
uiterlijk, het	appearance, the	dief, de	thief, the
lijken op	to resemble	baard, de	beard, the
natuurlijk	of course	snor, de	mustache, the
grappig	funny	slank	slender
aardig	nice, friendly	donker	dark

Wie is dat?

tegenovergestelde, het	opposite, the
geduldig	patient
ongeduldig	impatient
lui	lazy
dom	stupid
druk	busy
rustig	quiet
gemeen	mean
pessimistisch	pessimistic
optimistisch	optimistic
romantisch	romantic
realistisch	realistic
onzeker	uncertain
emotioneel	emotional
langzaam	slow(ly)
nuchter	down-to-earth
somber	miserable
of	or
want	because
helemaal	totally
logeren	to stay over
ongeveer	approximately
elkaar	each other
groen	green
mensen, de	people, the
denken	to think
gelukkig	luckily / happy
dezelfde	the same
bijvoorbeeld	for example

4

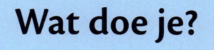

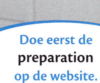

After this chapter you can:
- talk about daily activities
- tell time
- ask when something will happen (what day, what time)
- make an appointment

hoofdstuk 4

Oefening 1
Zet de activiteiten in de juiste volgorde.

	televisie kijken
	naar bed gaan
	afwassen
1	opstaan
	naar de universiteit gaan
	ontbijten
	eten koken
	een douche nemen
	lunchen

Vertel aan een medecursist wat jij doet.

Oefening 2
Luister naar de dialoog en beantwoord de vragen.

1 Lisa ziet er goed uit.   waar / niet waar
2 Lisa ontbijt niet.   waar / niet waar
3 Julia drinkt 's morgens koffie.   waar / niet waar
4 Op zaterdag kan Lisa uitslapen.   waar / niet waar
5 Lisa gaat vanavond bij Julia eten.   waar / niet waar

Lees nu de tekst op bladzijde 123.

Oefening 3
Kijk naar de plaatjes. Wat doen ze?

Kies uit: zich haasten – tandenpoetsen – zich wassen – zich voorstellen – zich scheren – opstaan

Wat doe je?

4

5

6

_____   _____   _____

Oefening 4
Welke woorden passen bij elkaar? Werk samen. Soms zijn meerdere antwoorden goed.

Voorbeeld:
Cursist A: thee
Cursist B: ontbijten

Cursist A *zegt:* **Cursist B** *kiest uit:*

wandelen   ☐ sporten
de koffie   ☐ koken
de televisie   ☐ de hond uitlaten
de boeken   ☐ ontbijten
de zeep   ☐ douchen
de tomatensaus   ☐ zich aankleden
opstaan   ☐ studeren
het stof   ☐ schoonmaken
fitness   ☐ het nieuws

Cursist B *zegt:* **Cursist A** *kiest uit:*

de broek   ☐ sporten
hardlopen   ☐ koken
het water   ☐ de thee
het T-shirt   ☐ ontbijten
de boterham   ☐ douchen
het schoonmaakmiddel   ☐ zich aankleden
eten   ☐ afwassen
zich wassen   ☐ schoonmaken
de koffie   ☐ aantrekken

47

hoofdstuk 4

Klokkijken
Hoe laat is het?

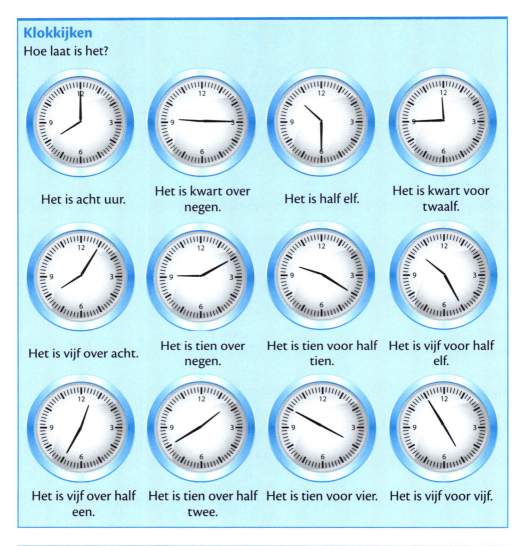

Het is acht uur. Het is kwart over negen. Het is half elf. Het is kwart voor twaalf.

Het is vijf over acht. Het is tien over negen. Het is tien voor half tien. Het is vijf voor half elf.

Het is vijf over half een. Het is tien over half twee. Het is tien voor vier. Het is vijf voor vijf.

Hoe laat is het?	Het is één uur.
(Om) hoe laat eten we?	Om half zeven.
Wanneer eten we?	Om half zeven.
Wanneer sport je?	Op zaterdag. (Om tien uur.)
Op welke dag sport je?	Op zaterdag.

Wat doe je?

Oefening 5
Luister naar de kloktijden. Welke tijden hoor je? Kruis aan.

☐ 4.45 uur   ☐ 9.40 uur   ☐ 16.10 uur
☐ 6.30 uur   ☐ 10.30 uur   ☐ 17.30 uur
☐ 8.15 uur   ☐ 11.45 uur   ☐ 18.50 uur
☐ 8.30 uur   ☐ 12.20 uur   ☐ 21.15 uur
☐ 9.05 uur   ☐ 13.00 uur   ☐ 11.00 uur

Oefening 6
Luister naar de docent. Zet een streep onder de *n* die je niet hoort.

Hoeveel zussen heb je?
Ik ga met zeven vrienden eten.
Waar wonen jouw broers en zussen?
Kun je je naam even spellen?
De jongen heeft blauwe ogen en bruine krullen.
Mijn oom heeft twee kinderen. Dat zijn mijn neven.

Lees de zinnen nu zelf. Werk samen.

Oefening 7
Geef antwoord op de vraag van je medecursist. Gebruik de informatie hieronder.
Cursist B gebruikt de informatie op bladzijde 124. Cursist A schrijft de informatie van cursist B op en cursist B schrijft de informatie van cursist A op.

Voorbeeld:
Cursist A: Wat doe je vandaag?
Cursist B: [afwassen; 20.00 uur] Ik was *om* acht uur af.
Cursist A schrijft op: **20.00 uur: afwassen**

Cursist A
- opstaan; 7.30 uur
- zich aankleden; 8.00 uur
- de hond uitlaten; 8.40 uur
- ontbijten; 9.45 uur
- naar de universiteit gaan; 10.10 uur

Vertel het nu aan elkaar.

Voorbeeld: Jij wast om acht uur af.

hoofdstuk 4

Oefening 8
Maak de zin compleet. Gebruik de informatie uit het schema. Denk aan inversie.

Voorbeeld:
Cursist A zegt: 's Middags …
Cursist B zegt: 's Middags maak ik schoon.

Cursist A	**Cursist B**
Vanavond	de kinderen, voetballen
's Morgens	hij, zich scheren
Om 7.30 uur	ik, opstaan
Iedere ochtend	de kat, zich wassen
Na het sporten	ik, zich douchen

Cursist B	**Cursist A**
Iedere ochtend	ik, zich haasten
Op zondag	we, uitslapen
Na het douchen	ik, zich aankleden
Om 20.00 uur	Pieter, pianospelen
Vanavond	we, afspreken

Oefening 9
Maak een goede zin met het werkwoord uit de linkerkolom en de woorden uit de rechterkolom. Werk samen. Soms kun je ook een vraag maken.

zullen	naar een restaurant gaan, we
willen	economie studeren, hij
kunnen	goed zwemmen, je
mogen	de fiets hier parkeren, ik
zullen	vanavond afspreken, we
kunnen	gitaarspelen, je
willen	Nederlands leren, we
mogen	het raam opendoen, ik
zullen	vanmiddag boodschappen doen, ik
kunnen	goed Nederlands spreken, hij

1 _____
2 _____

Wat doe je?

3 _____
4 _____
5 _____
6 _____
7 _____
8 _____
9 _____
10 _____

Een afspraak maken

Zullen we naar de film gaan?
Heb je zin om naar de film te gaan?
Kun je vanavond?
Zullen we vanavond afspreken?

Ja, leuk. Hoe laat spreken we af?
Ja, dat is goed. Waar wil je afspreken?
Nee, ik kan niet.
Nee, ik kan vanavond niet. Kun je morgen?
Nee, sorry. Ik heb geen tijd.

Oefening 10
Schrijf drie activiteiten in je agenda met de tijd. Maak afspraken met je medecursisten. Schrijf op: wie, wat, waar, hoe laat.

maandag	dinsdag	woensdag	donderdag	vrijdag	zaterdag	zondag

Vertel aan een medecursist over jouw week.

hoofdstuk 4

Oefening 11
Lees de tekst en maak de opdracht onder de tekst.

Soms word ik gek van mijn zus. Ze praat aan één stuk door over haar nieuwe vriend, Paul. Van 's morgens vroeg tot 's avonds laat. Bij het ontbijt begint het: 'Paul is zo knap en zo lief.' Volgens mij is hij helemaal niet knap. Hij is klein en dik, niet gespierd. Hij heeft puisten en vet haar. Bovendien denkt hij dat hij grappig is. Hij zegt tegen mijn zus: 'Je moet je morgen scheren, want je prikt.' Dat is niet grappig, dat is heel irritant.
Als mijn zus en ik hardlopen, praat ze zelfs over hem. 'Paul is zo intelligent en aardig.' Maar zij doet de boodschappen voor hem en kookt voor hem. Paul kijkt televisie of doet computerspelletjes. Ik vind hem lui.
Vanavond gaan ze naar de film. Dat wil mijn zus graag, ze wil een romantische avond. Hij wil naar een horrorfilm. Daar houdt hij van. Is dat romantisch?
Nou ja, misschien is mijn zus wel gewoon verliefd …

Hoe is Paul? Vul het schema in.

Mijn zus vindt Paul	Ik vind Paul

Oefening 12
Kijk naar de werkwoorden in de woordenlijst en <u>onderstreep</u> de scheidbare werkwoorden.

Voorbeeld:
<u>uitslapen</u> → slaap uit

Wat doe je?

> **Daily meals**
> In the Netherlands, most people have bread and something sweet for breakfast, like **hagelslag**, chocolate sprinkles, and tea or coffee.
> A normal Dutch working day is from nine to five. Between twelve and one, people have a half hour break.
> During a working day most people drink a lot of coffee. They take a break, walk to the coffee machine, chat with colleagues and go back to work.
> At lunch time people usually have bread and cheese or ham brought from home, coffee again or milk and maybe an apple. Lunch is functional and quick.
> At six, people have dinner. The typical components of a Dutch dinner are meat, potatoes and vegetables – brown, yellow and green. As dessert the Dutch like yoghurt or **vla**, which is a kind of soft vanilla, or chocolate pudding.
> In the evening most people have a cup of coffee again or a cup of tea.

Doe nu de exercises op de website. Als je klaar bent met de exercises kun je de test bij hoofdstuk 4 maken.

Op de volgende pagina vind je een woordenlijst in volgorde van opkomst.

hoofdstuk 4

juist	correct	haasten (zich -)	to hurry up
televisie, de	television, the	tandenpoetsen	to brush one's teeth
bed, het	bed, the	wassen (zich -)	to wash
afwassen	to wash the dishes	voorstellen (zich -)	to introduce
opstaan	to get up / to stand up	scheren (zich -)	to shave
universiteit, de	university, the	zeep, de	soap, the
ontbijten	to have breakfast	tomatensaus, de	tomato sauce, the
eten, het	food, the / meal, the	computer, de	computer, the
douche, de	shower, the	stof, het	dust, the
nemen	to take	sporten	to go sporting, to exercise
lunchen	to have lunch	hond, de	dog, the
eruitzien	to resemble, to look like	uitlaten (de hond -)	to walk the dog
morgen, de	morning, the	nieuws, het	news, the
kwart	quarter	broek, de	trousers, the
voor	before, to	hardlopen	to run
douchen	to shower	water, het	water, the
boterham, de	sandwich, slice of bread, the	T-shirt, het	T-shirt, the
kop, de	cup, the	schoonmaakmiddel, het	cleaning agent, the
thee, de	tea, the	pasta, de	pasta, the
half	half	aantrekken	to put on
schoonmaken	to clean	klok, de	clock, the
ziekenhuis, het	hospital, the	uur, het	hour, the
vroeg	early	laat	late
daarna	after that	over	after
college, het	lecture, the	om	at
pas	only	wanneer	when
dan	then	dag, de	day, the
aankleden (zich -)	to get dressed	vriend, de	friend, the
naar	to, towards	bruin	brown
werk, het	work, the	krul, de	curl, the
uitslapen	to sleep late	middag, de	afternoon, the
bij	at	's middags	in the afternoon
misschien	maybe	kat, de	cat, the
uitgaan	to go out	afspreken	to make an appointment
toch	anyway / nevertheless	zullen	shall

Wat doe je?

willen	want
restaurant, het	restaurant, the
parkeren	to park
leren	to learn / to teach
raam, het	window, the
opendoen	to open up
agenda, de	agenda, the
ochtend, de	morning, the
avond, de	evening, the
maandag	Monday
dinsdag	Tuesday
woensdag	Wednesday
donderdag	Thursday
vrijdag	Friday
zaterdag	Saturday
zondag	Sunday
week, de	week, the
soms	sometimes
gek	crazy
's morgens	in the morning
's avonds	in the evening
beginnen	to begin
knap	handsome
lief	sweet, nice
puist, de	pimple, the
vet	greasy / fat
bovendien	moreover
prikken	to prick
irritant	irritating
zelfs	even
intelligent	intelligent
computerspelletje, het	computer game, the
gewoon	just / normal
verliefd	in love

5

Wat kost dat?

Doe eerst de **preparation** op de website.

After this chapter you can:
- do grocery shopping
- ask where something is
- ask the price
- ask the weight
- name the months

hoofdstuk 5

Oefening 1
Maak de zinnen af.

1 Ik doe mijn boodschappen meestal bij _____ (naam supermarkt).

2 Ik doe _____ keer per week boodschappen; op _____ (dag / dagen).

3 Ik koop veel vers fruit in de maanden _____ (maanden).

4 Ik ga meestal naar de supermarkt om _____ uur.

5 Ik betaal per week ongeveer _____ euro voor de boodschappen.

6 Ik koop geen _____ in de supermarkt.

7 Ik ga vaak / niet vaak / nooit naar de markt.

8 Ik vind boodschappen doen leuk / niet zo leuk / vreselijk.

Praat over de antwoorden met een paar medecursisten.

Dagen en maanden

maandag – dinsdag – woensdag – donderdag – vrijdag – zaterdag – zondag

januari
februari
maart
april
mei
juni
juli
augustus
september
oktober
november
december

Wat kost dat?

Oefening 2
Luister naar de dialoog. Kruis aan wat Tim moet kopen. Wat staat niet op zijn lijstje?

Boodschappenlijstje

- ☐ melk
- ☐ vanillevla
- ☐ yoghurt
- ☐ spaghetti
- ☐ tomatensaus
- ☐ rundergehakt
- ☐ half-om-halfgehakt
- ☐ 1 fles rode wijn
- ☐ sla
- ☐ kaas
- ☐ brood
- ☐ een krat bier
- ☐ 1 blik tomaten
- ☐ toiletpapier

Tim moet nog _____ op zijn lijstje schrijven.

Lees nu de dialoog op bladzijde 124.

---

1 kilo = 1000 gram
1 pond = een halve kilo = 500 gram
1 ons = 100 gram

Let op:
2 kilo
2 pond
2 ons
500 gram

hoofdstuk 5

Oefening 3
Zet de goede letter bij de tekst.

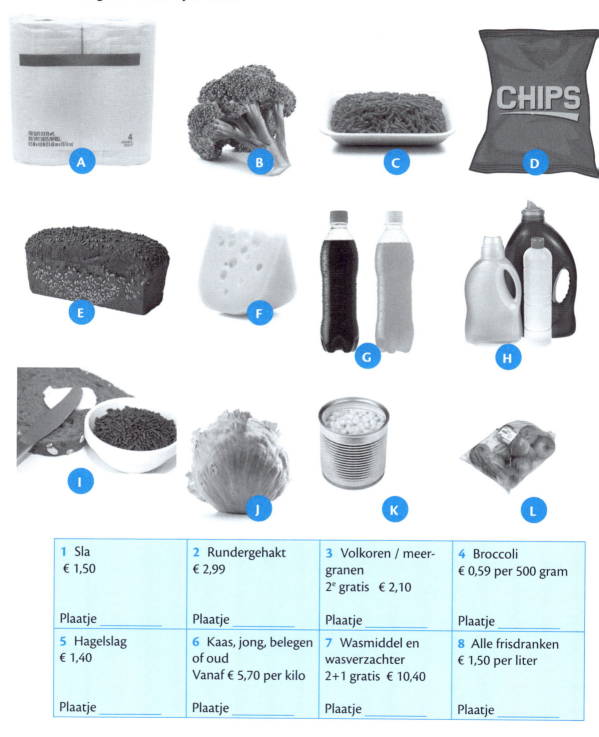

1 Sla € 1,50 Plaatje _____	2 Rundergehakt € 2,99 Plaatje _____	3 Volkoren / meer- granen 2^e gratis € 2,10 Plaatje _____	4 Broccoli € 0,59 per 500 gram Plaatje _____
5 Hagelslag € 1,40 Plaatje _____	6 Kaas, jong, belegen of oud Vanaf € 5,70 per kilo Plaatje _____	7 Wasmiddel en wasverzachter 2+1 gratis € 10,40 Plaatje _____	8 Alle frisdranken € 1,50 per liter Plaatje _____

Wat kost dat?

| 9 Appels nieuwe oogst
€ 1,50 per kilo

Plaatje _____ | 10 Mais in blik
€ 0,65

Plaatje _____ | 11 Chips, naturel / paprika
€ 0,70 per zak

Plaatje _____ | 12 Toiletpapier
€ 1,40

Plaatje _____ |

Vragen naar de prijs   **Reactie**
Wat kost de kaas?   De kaas kost vijf euro zeventig per kilo.
Hoeveel kost de kaas?   De kaas kost vijf zeventig per kilo.

Vragen naar het gewicht
Hoeveel weegt dit stuk?   Dit stuk weegt twee kilo.
Wat weegt dit stuk?   Dit stuk is twee kilo.
Hoe zwaar is dit stuk?

Vragen naar een product
Mag ik …?   Ja, natuurlijk.
Geeft u mij (dan) maar …   Anders nog iets?
Ik wil graag …   Is dat alles?
…, graag.   Kijkt u eens.

Oefening 4
Maak samen een paar dialogen. Gebruik de informatie van oefening 3.

Voorbeeld:
Verkoper: Dag, kan ik u helpen?
Klant: Wat kost de kaas?
Verkoper: De kaas kost vijf euro zeventig per kilo.
Klant: Geeft u mij dan maar een halve kilo kaas.
Verkoper: Kijkt u eens. Anders nog iets?
Klant: Nee, dat is alles.

hoofdstuk 5

Vragen en begrijpen waar iets is

1ᵉ = eerste; 2ᵉ = tweede; 3ᵉ = derde; 4ᵉ = vierde; 5ᵉ = vijfde

links ⟵⟶ rechts

Waar zijn / liggen de peren?

De peren zijn / liggen **naast** de bananen.
De peren zijn / liggen **links van** de bananen.
De peren zijn / liggen **bij** het fruit.
De peren zijn / liggen **in** de **tweede** gang **links**.
De peren zijn / liggen **aan het eind** van de gang.
De peren zijn / liggen **aan het begin** van de gang.

Oefening 5
Kijk naar de plattegrond van de supermarkt. Werk samen. Stel elkaar vragen.

Kies uit: spaghetti – bier – chocola – pizza – kaas – appels – cola – chips – wortels – melk – afwasmiddel – volkoren brood – hagelslag – ijs – speculaas

Voorbeeld:

Cursist A: Waar zijn de appels?
Cursist B: De appels liggen bij het fruit.
De appels liggen in de tweede gang.
De appels liggen naast de groenten.

vis en vlees	zuivel	vleeswaren	brood	flessen-automaat
	ontbijt-producten	fruit	groente	sigaretten/kranten
	soepen/sauzen	pasta / rijst	huishoud-artikelen	kassa
				kassa
	frisdrank	diepvries	koekjes / snacks	kassa

ingang

Wat kost dat?

Oefening 6
Luister naar de dialoog en beantwoord de vragen.

1	De mevrouw wil een kortingskaart.	waar / niet waar
2	De mevrouw wil een tasje.	waar / niet waar
3	Het kost € 10,50.	waar / niet waar
4	De mevrouw pint.	waar / niet waar

**Kijk naar de tekst op bladzijde 124 en controleer je antwoorden.
Speel de dialoog na.**

Oefening 7
Luister naar de zinnen. Wat betekenen de zinnen? Werk samen.

Betekent:

Kweetətniet.	1	___
Dasgoed.	2	___
Tis koud.	3	___
Gaatət?	4	___
Kheb geen geld bij me.	5	___
Khebət koud.	6	___
Kben vandaag jarig.	7	___
Hoewheet dər vriend?	8	___
Wats zən naam?	9	___
Zeggət maar.	10	___

Zeg de zinnen na.

Oefening 8
Dit is het vervolg van de internetopdracht.
Jullie gaan een feest geven. Iedereen heeft een boodschappenlijst voor het feest:
25 personen, € 125,-.

**Vergelijk je boodschappenlijstje met dat van je medecursisten.
Maak nu samen een nieuw lijstje.**

hoofdstuk 5

 Oefening 9
Werk in tweetallen. Maak een uitnodiging voor het feest.

> Beste _____ ,
>
> Wij geven een _____ !
> Het is op _____. (dag, datum)
> Het begint om _____. (tijd)
> Het is bij _____. (naam)
> _____. (adres)
>
> Laat even weten of je komt.
>
> Groeten,
>
> _____

 Oefening 10
Geef de uitnodiging aan een medecursist. Praat samen over het feest.

Voorbeeld:
Cursist A: Kom je naar mijn feest?
Cursist B: Wanneer is het?
Cursist A: Het feest is zaterdag om 21.00 uur bij John.
Cursist B: Zaterdag? Sorry, dan kan ik niet.

 Oefening 11
Reageer op de vraag. Denk aan de plaats van *niet*.

Voorbeeld:
Cursist A: Kom je vanavond?
Cursist B: Nee, ik kom vanavond niet.

Cursist B: Is Anna groot?
Cursist A: Nee, Anna is niet groot.

Wat kost dat?

Cursist A
Ben je vandaag jarig?
Begrijp je het?
Ga je vandaag sporten?
Wil Julia naar het feest?
Is je fiets nieuw?

Cursist B
Komt je vriend uit Duitsland?
Kook je vanavond?
Wil je dansen?
Is die winkel maandag open?
Ken je Tim?

Oefening 12
Lees de tekst en combineer.

Het ontbijt
Nederland staat bekend om de boterham. 's Morgens snel een boterham eten en een kopje thee drinken. Maar in Engeland eten ze bijvoorbeeld eieren, spek, worst en bonen in tomatensaus. En in Amerika cornflakes, bagels of pannenkoekjes. De Fransen beginnen de dag met een croissantje of stokbrood met jam. In Indonesië eten ze 's morgens wat de Nederlanders liever 's avonds eten: nasi goreng.
Sommige Nederlanders vinden een boterham te saai en eten liever yoghurt met muesli of met fruit. Maar veel tijd moet het niet kosten.

1	nasi goreng	a	spek
2	Engels ontbijt	b	Frankrijk
3	stokbrood	c	muesli
4	snel	d	Nederlanders
5	yoghurt	e	Indonesiërs

Oefening 13
Kijk naar de woordenlijst en <u>onderstreep</u> de woorden die bestaan uit twee woorden.

Voorbeeld:
<u>wasmiddel</u> → was + middel

hoofdstuk 5

> **To save money**
>
> The Dutch love to save money. So there are special cards from all kinds of shops or supermarkets. If you have saved a certain number of points you can get things cheaper or for free. You can also get a discount by using your shop card. You don't need to collect points, you just use the card to save money. For example, the **bonuskaart** from Albert Heijn (AH) supermarket gives a discount on different groceries each week.
>
> Supermarkets or shops also have an advantage of course. They can see exactly who buys what and when. And tempt you to buy at their shops.

Doe nu de exercises op de website. Als je klaar bent met de exercises kun je de test bij hoofdstuk 5 maken.

Op de volgende pagina vind je een woordenlijst in volgorde van opkomst.

Wat kost dat?

boodschap, de	grocery, the / message, the	saus, de	sauce, the
kopen	to buy	meer	more
supermarkt, de	supermarket, the	tot	till
betalen	to pay	straks	later
markt, de	market, the	vergeten	to forget
over	about	portemonnee, de	wallet, the
januari	January	meenemen	to take along
februari	February	tas, de	bag, the
maart	March	bijna	almost
april	April	gram, het	gram, the
mei	May	kilo, de	kilo, the
juni	June	pond, het	half a kilo (500 grams)
juli	July	ons, het	100 grams
augustus	August	aanbieding, de	offer, the
september	September	broccoli, de	broccoli, the
oktober	October	volkorenbrood, het	whole wheat bread, the
november	November	meergranenbrood, het	multi grain bread, the
december	December	jonge kaas, de	young cheese, the
lijstje, het	list, the	jong belegen kaas, de	young matured cheese, the
melk, de	milk, the	oude kaas, de	old cheese, the
komkommer, de	cucumber, the	cola, de	coca cola, the
vla, de	custard, pudding, the	sinas, de	orange soda, the
yoghurt, de	yoghurt, the	wasmiddel, het	detergent, the
spaghetti, de	spaghetti, the	wasverzachter, de	wash softener, the
rundergehakt, het	minced beef, the	hagelslag, de	chocolate sprinkles, the
wijn, de	wine, the	mais, de	corn, the
rood	red	frisdrank, de	soft drink, the
sla, de	lettuce, the	liter, de	litre, the
kaas, de	cheese, the	zak, de	bag, the
brood, het	bread, the	gratis	for free
krat, het	crate, the	vanaf	starting at
appel, de	apple, the	per	per
blik, het	can, the	alle	all
tomaat, de	tomato, the	oogst, de	harvest, the
toiletpapier, het	toilet paper, the		

hoofdstuk 5

chips, de	potato chips, the	links	left
paprika, de	capsicum, pepper, the	rechts	right
rol, de	roll, the	peer, de	pear, the
prijs, de	price, the	liggen	to be located
gewicht, het	weight, the	naast	next to
wegen	to weigh	gang, de	corridor, hall, the
zwaar	heavy	kortingskaart, de	discount card, the
stuk, het	piece, the	begrijpen	to understand
vlees, het	meat, the	tasje, het	little bag, the
soep, de	soup, the	pardon	excuse me, sorry
zuivel, de	dairy products, the	plastic zak, de	plastic bag, the
diepvries, de	freezer, the	worden	to become
rijst, de	rice, the	totaal	total
fruit, het	fruit, the	pinnen	to pay by card
vleeswaren, de	meat products, the	ga uw gang	go ahead
koekje, het	cookie, the	fijn	nice
snack, de	snack, the	feest, het	party, the
huishoudartikel, het	household product, the	uitnodiging, de	invitation, the
groente, de	vegetable, the	groot	big
kassa, de	cash register, the	jarig	having your birthday
ingang, de	entrance, the	winkel, de	shop, the
uitgang, de	exit, the	open	open
bier, het	beer, the	bekendstaan om	to been known for
chocola, de	chocolate, the	spek, het	bacon, the
pizza, de	pizza, the	worst, de	sausage, the
wortel, de	carrot, the	boon, de	bean, the
afwasmiddel, het	dishwashing detergent, the	pannenkoek, de	pancake, the
		stokbrood, het	French bread, the
ijs, het	ice cream, the	jam, de	marmalade, jam, the
speculaas, de	ginger cookie, the	sommige	some
helpen	to help	saai	boring
eerste	first	liever	rather
tweede	second	muesli, de	muesli, the
derde	third		
vierde	fourth		
vijfde	fifth		

6

After this chapter you can:
- ask about arrival and departure times
- ask where the bus goes / stops
- book a trip
- book a hotel room

hoofdstuk 6

Oefening 1

1	Ga je vaak met de trein?	ja / nee
2	Ga je weleens met de bus?	ja / nee
3	Heb je een fiets?	ja / nee
4	Heb je een auto?	ja / nee
5	Vlieg je graag?	ja / nee

Praat hierover met een medecursist.

Oefening 2
Luister naar de dialoog en beantwoord de vragen.

1	Met John gaat het goed.	waar / niet waar
2	Rick is om 9.45 uur in Enschede.	waar / niet waar
3	John haalt Rick op omdat dat gezellig is.	waar / niet waar
4	Rick moet bellen als hij op het station is.	waar / niet waar
5	Rick en John zien elkaar vanmiddag.	waar / niet waar

Lees nu de tekst op bladzijde 125.

Oefening 3
Je gaat met de trein een weekend naar Den Haag. Je wilt een hotel reserveren. Zet de zinnen in de goede volgorde.

1	Twee personen. Prima. Wilt u met of zonder ontbijt?	
2	Dat is dan zaterdag 12 oktober. Voor hoeveel personen?	
3	Goedemorgen, ik wil graag een kamer reserveren.	
4	Goed, tot zaterdagmiddag dan.	
5	Liever een douche.	
6	Dat kost € 12,- per persoon.	
7	Voor twee personen.	
8	Dat kan. Voor wanneer?	
9	Wat kost het ontbijt?	
10	Dus een kamer voor twee personen, zonder ontbijt. Wilt u een bad of een douche?	

Van welk spoor vertrekt de trein?

11	Het staat genoteerd. Dan zie ik u zaterdag. U kunt na 14.00 uur inchecken.	
12	Goedemorgen, met hotel de Zwaan.	a
13	Voor aanstaande zaterdag.	
14	Oké, doe maar zonder ontbijt.	

Speel de dialoog na.

Oefening 4
Maak nu zelf een dialoog. Gebruik de informatie in het kader.

Cursist A – dialoog 1
klant
1 Hotel Rembrandt – Amsterdam.
2 Tweepersoonskamer met douche en wc.
3 € 75,-.
4 Inclusief ontbijt.
5 In het centrum.

Cursist B – dialoog 1
medewerker reisbureau
1 Welk hotel, waar?
2 Wat voor kamer?
3 Prijs?
4 Inclusief of exclusief ontbijt?
5 Waar in Amsterdam?

Cursist A – dialoog 2
medewerker reisbureau
1 Wanneer?
2 Waar?
3 Met ontbijt?
4 Hoeveel personen?
5 In het centrum of aan zee?

Cursist B – dialoog 2
klant
1 Op zaterdag en zondag, 2 en 3 juni.
2 In Scheveningen.
3 Geen ontbijt.
4 Drie personen (1 kind).
5 Aan zee.

Oefening 5
Werk in tweetallen.

Voorbeeld:
  Ik reserveer dit hotel, want [zijn – mooi]
  Ik reserveer dit hotel, want het hotel is mooi.
  Ik reserveer dit hotel niet, omdat [zijn – niet – mooi]
  Ik reserveer dit hotel niet, omdat het hotel niet mooi is.

1 Ik reserveer dit hotel, want [zijn – luxe]
2 Ik reserveer dit hotel, omdat [zijn – luxe]

hoofdstuk 6

3 Ik reserveer dit hotel, want [liggen – in het centrum]
4 Ik reserveer dit hotel, omdat [liggen – in het centrum]
5 Ik reserveer dit hotel niet, want [zijn – duur]
6 Ik reserveer dit hotel niet, omdat [zijn – duur]
7 Ik reserveer dit hotel niet, want [zijn – niet – centrum]
8 Ik reserveer dit hotel niet, omdat [zijn – niet – centrum]

Oefening 6
Luister naar de docent. Hoe klinken de onderstreepte letters?

reiz<u>e</u>n	treinkaartj<u>e</u>
kam<u>e</u>r	pl<u>e</u>zier
reserver<u>e</u>n	vertrektijd<u>e</u>n
Ned<u>e</u>rland	goed<u>e</u>morg<u>e</u>n
pinn<u>e</u>n	uitstapp<u>e</u>n
bushalt<u>e</u>	b<u>e</u>tal<u>e</u>n
eig<u>e</u>nlijk	r<u>e</u>tourtje

Zeg de woorden nu na.

Oefening 7
Maak zinnen met *omdat*. Werk in drietallen.

Voorbeeld:
Cursist A: Waarom studeer je in Nederland?
Cursist B: Omdat ik in Nederland woon.
Cursist C: Hij studeert Nederlands, omdat hij in Nederland woont.

Wissel daarna van rol.

Cursist A
1 Waarom – gaan – de trein?
2 Waarom – niet komen?
3 Waarom – gaan – Amsterdam?
4 Waarom – gaan – oom?
5 Waarom – gaan – station?
6 Waarom – niet eten?
7 Waarom – kaartje kopen?
8 Waarom – te laat komen?

Cursist B
1 Geen auto hebben
2 Geen tijd hebben
3 Leuk vinden
4 Jarig zijn
5 Trein halen
6 Geen honger hebben
7 Geen ov-chipkaart hebben
8 Fiets kapot zijn

> Van welk spoor vertrekt de trein?

9 Waarom – niet komen – met de bus?
10 Waarom – hebben – geen kortingskaart?

9 Geen geld hebben
10 Te duur zijn

Imperatief
Neem de trein op spoor 8.
Ga met de bus naar het station.
Leg je kaartje op tafel.
Zet je tas onder de stoel.

Preposities
De trein vertrekt **van** spoor 8.
De bus stopt **tegenover** het postkantoor.
We gaan **met** de trein.
Het station ligt **naast** het politiebureau.
Ze zitten **in** de trein.
Het postkantoor ligt **links van** het station.
Het station ligt **rechts van** het postkantoor.

Oefening 8

Je ziet hier een oplaadautomaat. Geef elkaar instructies. Gebruik de volgende woorden:
1 De ov-chipkaart – steken
2 'opladen' – kiezen
3 Het oplaadbedrag – selecteren
4 Betaalpas – invoeren
5 Instructies op het beeldscherm – volgen
6 De opgeladen ov-chipkaart – uitnemen
7 Ov-chipkaart voor de kaartlezer van de bus of de trein – houden
8 Bij het instappen – inchecken
9 Bij het uitstappen – uitchecken
10 Het saldo – controleren

Voorbeeld:
Naar de automaat – lopen > Loop naar de automaat.

hoofdstuk 6

Oefening 9
Luister naar de tekst en beantwoord de vragen.

1 De trein naar Nijmegen vertrekt vandaag van spoor _____.

2 De volgende trein vertrekt om _____.

3 De reiziger koopt een enkeltje / een retourtje.

4 De reiziger krijgt wel / geen korting.

5 De reiziger moet € _____ betalen.

**Kijk nu naar de dialoog op bladzijde 125 en spreek de dialoog na.
Probeer het ook zonder tekst.**

Oefening 10
Maak nu zelf een dialoog. Gebruik de informatie van de internetopdracht (de reis van Venlo naar Amsterdam).

Cursist A
Vraag de vertrektijden.
Vraag de aankomsttijden.
Vraag hoeveel het kost. Je hebt een kortingskaart.
Vraag van welk perron de trein vertrekt.
Kun je contant betalen?

Cursist B
Vraag hoelang de reis duurt.
Moet je overstappen? Hoe vaak? Waar?
Je moet om 14.00 uur in Amsterdam zijn. Ben je op tijd?
Vraag hoeveel het kost zonder korting.

Van welk spoor vertrekt de trein?

Oefening 11
Beschrijf de plaatjes met de woorden tussen haakjes. Werk samen.

Gebruik: eerst – dan – daarna – vervolgens – tot slot

reis plannen

koffers inpakken

met de trein gaan

met het vliegtuig gaan

een taxi nemen

inchecken bij het hotel

hoofdstuk 6

Oefening 12

Beantwoord de vragen. Kies tussen *niet* en *geen*.

Cursist A
1 Is de bus vol?
2 Is de chauffeur een man?
3 Is de straat druk?

Bedenk meer vragen voor je medecursist.

Cursist B
1 Staan de reizigers op perron 2b?
2 Is de trein aangekomen?
3 Is het rustig?

Bedenk meer vragen voor je medecursist.

Oefening 13
Lees de tekst en doe de spreekopdracht.

De wc-kaartjes
Twee studenten, Jaap en Wouter, zitten in de trein. Jaap schrikt en zegt: 'Ik heb geen kaartje! Vergeten te kopen.' Wouter zegt: 'Geen probleem, ik weet een oplossing!' 'Hoe bedoel je?', zegt Jaap. Wouter vertelt: 'Ik zat een keer in de trein op de wc. De conducteur kwam controleren. Hij klopte op de wc-deur. Ik schoof het kaartje onder de deur door. De conducteur knipte het kaartje en schoof het kaartje weer terug.
Dat doen we nu ook. De conducteur ziet niet dat wij samen op de wc zitten, snap je? De twee studenten gaan samen op het toilet zitten. Ze horen een klop op de deur en 'kaartjes alstublieft'. Wouter schuift het kaartje onder de wc-deur door. Ze horen 'bedankt' en verder niets.
Ze zijn het kaartje kwijt.

Vertel dit verhaal kort na. Werk samen.

Oefening 14
Kijk naar de woordenlijst en kies tien substantieven. Maak een diminutief.

Voorbeeld:
de trein → het treintje

hoofdstuk 6

> ### Paying on public transport in the Netherlands
>
> The ov-chipkaart is the payment method for public transport in the Netherlands. With an ov-chipkaart you do not have to think about individual tickets. You load the card with credit in euros or travel products such as single journeys or a monthly or annual ticket and you are ready to travel.
>
> **Personal ov-chipkaart € 7.50**
> What are the benefits?
> - discount if you are 65+
> - automatic credit reload
> - there are personal monthly or annual tickets
> - online overview of transactions and trips
> - can be blocked if card is lost or stolen
> - card is sent to your home
> - valid for 5 years
>
> **Anonymous ov-chipkaart € 7.50**
> What are the benefits?
> - can be used by several people (not simultaneously)
> - for sale at stations, tobacco shops, service counters, supermarkets
> - valid 4 to 5 years

Doe nu de exercises op de website. Als je klaar bent met de exercises kun je de test bij hoofdstuk 6 maken.

Op de volgende pagina vind je een woordenlijst in volgorde van opkomst.

Van welk spoor vertrekt de trein?

spoor, het	track, the	eigenlijk	actually
vertrekken	to leave	bushalte, de	bus stop, the
trein, de	train, the	treinkaartje, het	train ticket, the
vaak	often	plezier, het	fun, the
weleens	ever	vertrektijd, de	departure time, the
vliegen	to fly	uitstappen	to get out
ophalen	to pick up / to fetch	retourtje, het	return ticket, the
omdat	because	waarom	why
bellen	to call (on the phone)	honger, de	hunger, the
als	when / as / if	honger hebben	to be hungry
station, het	station, the	ov-chipkaart, de	public transport card, the
telefoon, de	telephone, the	kapot	broken
bezoek, het	visit, the	geld, het	money, the
reis, de	trip, the	duur	expensive
duren	to take / to last for	leggen	to lay
makkelijk	easy	tafel, de	table, the
vertraging, de	delay, the	zetten	to put
missen	to miss	onder	under
wachten	to wait	stoel, de	chair, the
hotel, het	hotel, the	tegenover	across from
reserveren	to make a reservation	postkantoor, het	post office, the
zonder	without	insteken	to put in
kamer, de	room, the	opladen	to upload
bad, het	bath, the	kiezen	to choose
noteren	to note down	bedrag, het	amount, the
inchecken	to check in	selecteren	to select
goedemorgen	good morning	betaalpas, de	bank card, the
aanstaande	coming	invoeren	to enter
medewerker reisbureau, de	travel agent, the	instructie, de	instructions, the
		beeldscherm, het	screen, the
medewerker, de	employee, the	volgen	to follow
reisbureau, het	travel agency, the	uitnemen	to take out
tweepersoons	two persons	kaartlezer, de	card reader, the
centrum, het	centre, the	houden	to hold
dicht bij	close to	instappen	to get in
luxe	luxurious	uitchecken	to check out

hoofdstuk 6

volgend	next	**snappen**	to understand
reiziger, de	passenger, the	**toilet, het**	toilet, the
enkeltje, het	single ticket, the	**horen**	to hear
korting, de	discount, the	**verder**	then / further
normaal	usually	**kwijt**	lost
vandaag	today		
bedoelen	to mean		
geen dank	don't mention it		
informatie, de	information, the		
aankomsttijd, de	arrival time, the		
perron, het	platform, the		
contant	cash		
overstappen	to change		
eerst	first		
vervolgens	next		
tot slot	finally		
plannen	to plan		
koffer, de	suitcase, the		
inpakken	to pack		
vliegtuig, het	airplane, the		
taxi, de	taxi, the		
chauffeur, de	driver, the		
vol	full		
aankomen	to arrive		
zat (zitten)	sat (to sit)		
schrikken	to be startled		
probleem, het	problem, the		
weten	to know		
oplossing, de	solution, the		
wc, de	toilet, the		
conducteur, de	driver, the		
kwam (komen)	came (to come)		
schoof (schuiven)	shoved (to shove, to move)		
knippen	to cut		
terug	back		

7

Waar woon je?

Doe eerst de **preparation** op de website.

After this chapter you can:
- talk about your house
- ask someone's address

hoofdstuk 7

Oefening 1
Beantwoord de vragen.

1 Ik woon in een kamer / een studio / een appartement / een huis.

2 Ik woon op de _____ verdieping.

3 In mijn huis wonen _____ personen.

4 Mijn kamer is _____ (oppervlakte).

5 In mijn huis is / zijn _____ badkamer(s), _____ keuken(s)

en _____ wc's.

6 Bij mijn huis is een tuin / dakterras / balkon.

7 Is er een supermarkt in de buurt? Nee / ja, de_____

8 Ik betaal per maand € _____ exclusief / inclusief internet.

Bespreek de antwoorden met een medecursist.

> **Oppervlakte**
> Hoe groot is jouw kamer?
> Mijn kamer is 16 m². Mijn kamer is zestien vierkante meter.
> Mijn kamer is vier bij vier.
> Mijn kamer is 6 meter lang en 4 meter breed.

Oefening 2
Luister naar een dialoog tussen Lisa en Julia. Kruis aan.

Lisa	Julia	Lisa en Julia
Haar kamer is:	Haar kamer is:	Ze willen:
• te duur	• te duur	• een lichte woning
• te donker	• te donker	• een appartement
• te ver weg	• te ver weg	• een gezellige woning
• te klein	• te klein	• een goedkope woning

Controleer je antwoorden met de tekst op bladzijde 126.

Waar woon je?

Oefening 3
Kies het juiste woord. Werk samen.

Kies uit: deze – die – dit – dat

Voorbeeld:
Cursist A: De kamer is goedkoop. (hier)
Cursist B: Deze kamer is goedkoop.

Cursist A
1 De woonkamer is ruim. (daar)
2 De stoel is voor jou. (hier)
3 Van wie is de fiets? (daar)
4 Is het boek van jou? (hier)

Cursist B
1 Is het schilderij van Van Gogh? (daar)
2 De meubels zijn van mij. (hier)
3 Het appartement is duur. (hier)
4 De keuken is mooi. (hier)

Oefening 4
Zoek zeven verschillen. Gebruik de comparatief. Werk samen.

Voorbeeld:
Kamer 1 heeft meer ramen dan kamer 2.

Prijs € 400,-, inclusief, 10 minuten fietsen van het centrum

Prijs € 400,-, inclusief, in het centrum

hoofdstuk 7

Positiewerkwoorden

Liggen
Het boek **ligt** op de trap.

Zitten
Het boek **zit** in de tas.

Staan
Het boek **staat** in de boekenkast.

Hangen
De tas **hangt** aan de kapstok.

Oefening 5
Kijk naar de plaatjes van oefening 4. Stel elkaar vragen en geef antwoord.

Voorbeeld:
Cursist A: Waar is het kopje?
Cursist B: Het kopje staat op de tafel.

Gebruik de woorden: aan de muur – op de grond – in de tas – op het bed – op de tafel

Cursist A
Waar is het bed?
Waar is het kussen?
Waar is het schilderij?
Waar is de tas?
Waar is de pen?

Cursist B
Waar is de stoel?
Waar is de kat?
Waar is de tafel?
Waar is de computer?
Waar is de krant?

Oefening 6
Kijk naar het plaatje van oefening 4. Wat zie je? Maak zinnen die beginnen met *er*. Werk samen.

Voorbeeld:
Er staat een kopje op de tafel.

Waar woon je?

Oefening 7
Luister naar de docent. Hoe klinken de onderstreepte letters?

Nederlands is best moei<u>lijk</u>.
Mijn vader is altijd gedul<u>dig</u>.
Wil je eigen<u>lijk</u> naar het feest?
Is je hond dood? Vrese<u>lijk</u>!
Mijn vriendin en ik zijn heel geluk<u>kig</u>.
Ben je morgen ja<u>rig</u>?
Gezel<u>lig</u> dat je komt eten.
Ik vind Engels makke<u>lijk</u>.

Zeg de zinnen na.

Oefening 8
Stel elkaar vragen. Begin met 'Op welke verdieping is er ...?'

Voorbeeld:
Cursist A: Op welke verdieping is er een douche?
Cursist B: Op de vierde verdieping is er een douche.

Oefening 9
Luister naar de dialoog en beantwoord de vragen.

1	Tim kijkt televisie op zijn kamer.	waar / niet waar
2	Anna wil koffie drinken in de tuin.	waar / niet waar
3	Anna zit niet graag in de zon.	waar / niet waar
4	De werkkamer is niet warm.	waar / niet waar
5	Tim heeft vaker examen dan Anna.	waar / niet waar
6	Tim studeert nooit in de bibliotheek.	waar / niet waar

Lees nu de dialoog op bladzijde 126.

hoofdstuk 7

Oefening 10
Loop rond. Stel elkaar vragen.

Geef antwoord met: altijd – bijna altijd – vaak – regelmatig – soms – af en toe – zelden – nooit

Voorbeeld:
Cursist A: Zit je vaak op je balkon?
Cursist B: Ik zit nooit op mijn balkon.
Cursist A: Ga je weleens in bad?
Cursist B: Ik ga zelden in bad.

Oefening 11
Vergelijk met een medecursist de drie kamers die je op internet hebt gevonden (in de internetopdracht).

Voorbeeld:
Mijn kamer is groter dan jouw kamer, maar jouw kamer is goedkoper.
Mijn kamer is verder van het centrum, maar jouw kamer is dichter bij het station.

Oefening 12
Lees de tekst en maak de opdracht.

Petra komt thuis van haar werk. Ze parkeert de auto in de garage, gaat naar binnen en gooit haar tas en jas over de kapstok. Ze trekt haar schoenen uit en gaat liggen op de bank in de woonkamer. Haar man vraagt of ze iets wil drinken. Petra wil een glas rode wijn. Haar man komt uit de keuken en brengt haar de wijn en vraagt of er iets is. 'Hoezo?', vraagt Petra. 'Nou,' zegt haar man, 'normaal zeg je mij altijd gedag en je geeft me een kus, je gaat nooit op de bank liggen als je thuiskomt. Bovendien parkeer je de auto bijna altijd voor het huis. Door de week drink je nooit alcohol en meestal drink je witte wijn. Je ziet er ook anders uit dan anders. Ben je naar de kapper geweest? Je haar is korter en blonder.'
Petra kijkt eens goed naar haar man en naar de woonkamer. 'Ik ben een beetje moe, geloof ik', zegt ze, 'en jij moet een bril. Ik denk dat ik niet op nummer zestien ben.'
Petra rent naar de gang, pakt haar tas en jas en doet haar schoenen aan. Ze rent naar de garage en ze rijdt naar nummer zestien.

Zet de volgende woorden in de juiste kolom:
gedag zeggen – een kus geven – rode wijn drinken – witte wijn drinken – moe – op de bank liggen – auto in de garage zetten – kort blond haar

Waar woon je?

Petra normaal:	Petra vandaag:

Oefening 13
Kijk naar de woordenlijst en <u>onderstreep</u> de woorden die je moeilijk vindt.

Architect Piet Blom

In the early seventies, Dutch architect Piet Blom designed **cube houses**. Each cube 'stands' on one point on a pylon, giving the effect of a house like a tree. The idea was to create more public ground space left under the houses.

The houses have a ground floor entrance, a first floor with the living room and kitchen, a second floor with two bedrooms and a bathroom, and a top floor sometimes used as a sun room or a small garden. The walls and windows are all angled so only three quarters of the space can be used.
You can find the houses in Helmond near Eindhoven and in Rotterdam.

Doe nu de exercises op de website. Als je klaar bent met de exercises kun je de test bij hoofdstuk 7 maken.

Op de volgende pagina vind je een woordenlijst in volgorde van opkomst.

hoofdstuk 7

appartement, het	apartment, the
verdieping, de	floor, storey, the
oppervlakte, de	surface, the
badkamer, de	bathroom, the
tuin, de	garden, the
balkon, het	balcony, the
dak, het	roof, the
terras, het	terrace, the
er	there
buurt, de	neighbourhood, the
maand, de	month, the
vierkante meter, de	square meter, the
verhuizen	to move
belangrijk	important
donker	dark
buiten	outside
lijken	to seem
delen	to share
idee, het	idea, the
begane grond, de	ground floor, the
huren	to rent
ruim	spacious
bestaan	to be / to exist
te	too
ver	far
ver weg	far away
handig	convenient / handy
eigen	own
licht	light, bright
goedkoop	cheap
woning, de	housing, the
hier	here
deze	this
die	that
dit	this
woonkamer, de	living room, the
schilderij, het	painting, the
meubels, de	furniture, the
bureau, het	desk, the
minder	less
trap, de	staircase, the
hangen	to hang
staan	to stand
boekenkast, de	bookcase, the
kapstok, de	coat rack, the
muur, de	wall, the
krant, de	newspaper, the
kussen, het	pillow, the
grond, de	ground, floor, the
lamp, de	lamp, the
zon, de	sun, the
schijnen	to shine
werkkamer, de	study room, the
examen, het	test, the
volgens	according to
bibliotheek, de	library, the
daarom	that's why, therefore
regelmatig	regular, frequently
af en toe	once in a while, sometimes
zelden	seldom, rarely
suiker, de	sugar, the
warm	warm
vergelijken	to compare
garage, de	garage, the
binnen	inside
gooien	to throw
jas, de	jacket, coat, the
schoen, de	shoe, the
uittrekken	to take off
bank, de	couch, bench, the / bank, the
wit	white

Waar woon je?

brengen	to bring
iets	something
hoezo	why, how so
gedag zeggen	to say hello
kus, de	kiss, the
door de week	during the week
anders	different
kapper, de	hairdresser, the
rijden	to drive

8

Wat heb je gisteren gedaan?

Doe eerst de **preparation** op de website.

After this chapter you can:
- talk about events in the past
- talk about holiday activities

hoofdstuk 8

Oefening 1
Vul in.

1 Ik ben de laatste vakantie naar _____ geweest.
2 Ik heb daar gewandeld / gezwommen / geslapen / een museum bezocht / …
3 Ik ben op vakantie gegaan met mijn ouders / een vriend(in) / …

Oefening 2
Kijk naar de plaatjes.

Kies uit: foto's maken – eten – slapen – zwemmen – zonnen – souvenirs kopen – wandelen

1 Ik heb _____
2 _____
3 _____
4 _____
5 _____
6 _____
7 _____

Bespreek je antwoorden met een medecursist.

Wat heb je gisteren gedaan?

Oefening 3
Luister naar de dialoog en beantwoord de vragen.

Lisa en Julia gaan samen op vakantie naar Spanje.

1	Lisa heeft haar koffer gepakt.	waar / niet waar
2	Julia heeft haar koffer gepakt.	waar / niet waar
3	Lisa moet een trui meenemen.	waar / niet waar
4	Julia heeft in Spanje in de zon gezeten.	waar / niet waar
5	Julia heeft in Spanje niet gewinkeld.	waar / niet waar

Lees nu de dialoog op bladzijde 126-127.

Oefening 4
Zet in de juiste volgorde. Wat is het langst geleden?

Vandaag is het vrijdag.

afgelopen maandag	
gisteravond	
een jaar geleden	1
vorige week	
eergisteren	
in het weekend	
vanmorgen	

Werkwoorden van transport
lopen, zwemmen, rijden, varen, wandelen, vliegen, fietsen, reizen

Ik **heb** gelopen.
Ik **heb** een uur gelopen.
Ik **ben** naar het park gelopen.

Ik **heb** gereisd.
Ik **heb** in Frankrijk gereisd.
Ik **ben** naar Frankrijk gereisd.

hoofdstuk 8

Oefening 5
Kies: *hebben* of *zijn*. Werk samen.

1 Fietsen – van Maastricht naar Groningen

   Ik

2 Wandelen – in Oostenrijk

   Wij

3 Rijden – naar huis

   Hij

4 Varen – naar Engeland

   De boot

5 Schaatsen – in Zwitserland

   Ik

Oefening 6
Wat heb je gedaan? Gebruik het perfectum. Maak een zin zonder en een zin met inversie. Werk samen.

Voorbeeld:
Cursist A: Ik ben vrijdag naar de film gegaan.
Cursist B: Vrijdag ben ik naar de film gegaan.

om 12.30 uur	lunchen
om 8.00 uur	een douche nemen
afgelopen weekend	opruimen
maandagavond	naar de film gaan
vanmorgen	slapen
om 8.30 uur	ontbijten
afgelopen woensdag	wandelen
gisteravond	koken
eergisteren	voetballen
in het weekend	lekker eten
vanmorgen	afwassen
vannacht	wakker zijn

Wat heb je gisteren gedaan?

Oefening 7
Luister naar de docent. Let op de onderstreepte letters.

Heb je veel gelopen?
Ik wil graag een kamer reserveren.
De kinderen hebben de hele dag gezwommen.
Sommige mensen vinden klimmen in de bergen fantastisch.
Wij gaan onze vakantie via internet boeken.
In de vakantie wil ik lezen, wandelen, zwemmen en uitslapen.
Die studenten willen alleen maar vakantie vieren.

Zeg nu de docent na.

Oefening 8
Stel elkaar vragen over de vakantie. Gebruik de woorden uit het schema.

Voorbeeld:
Cursist A:
(zwembad – gaan)
Hoe laat ben jij naar het zwembad gegaan?

Cursist B:
(zwembad – 10.00 uur)
Om tien uur ben ik naar het zwembad gegaan.

Cursist A	Cursist B
museum – bezoeken	museum – 11.00 uur
boot – nemen	boot – 13.45 uur
kerk – bezichtigen	kerk – 15.30 uur
restaurant – uit eten gaan	restaurant – 20.00 uur

Cursist B	Cursist A
trein – nemen	trein – 7.20 uur
strand – gaan	strand – 10.00 uur
ijsje – eten	ijsje – 14.45 uur
zee – zwemmen	zee – 15.30 uur

hoofdstuk 8

Oefening 9
Luister naar de dialoog. Wat hebben Lisa en Julia in Spanje gedaan? Kruis de goede woorden aan.

- ☐ zonnen
- ☐ souvenirs kopen
- ☐ zwemmen
- ☐ een kerk bezoeken
- ☐ een museum bezoeken
- ☐ zich vermaken
- ☐ dansen
- ☐ in de natuur zijn
- ☐ olijven eten
- ☐ door de stad lopen

Controleer je antwoorden met de tekst op bladzijde 127.

Oefening 10
Maak een programma voor een weekend naar de Efteling. Werk in drietallen. Gebruik de informatie van de internetopdracht.

8.00 uur _____

9.30 uur _____

_____

_____

_____

_____

_____

_____

_____

_____

_____

Schrijf een uitnodiging aan de groep.
Denk aan: datum, vertrek, aankomst, kosten, transport, extra informatie.

Wat heb je gisteren gedaan?

Beste medecursisten,

We gaan dit weekend naar de Efteling! Ga je mee?

Eerst gaan we _____

Dan _____

Daarna _____

Vervolgens _____

Tot slot _____

We logeren _____

We gaan met _____

De vertrektijd _____

We komen _____ aan.

De excursie kost € _____

Extra informatie: _____

Laat je ons weten of je meegaat?

Groetjes,

_____

Kies nu met de groep het beste programma en de beste uitnodiging.

Oefening 11
Vertel elkaar over je vakantie. Stel elkaar vragen. Werk in tweetallen.

Gebruik:
Wanneer …?
Waar …?
Met wie …?
Hoe …?
Wat …?

hoofdstuk 8

Oefening 12
Lees de tekst en beantwoord de vragen.

Weet je dat vakantie voor veel mensen heel stressvol is?
Veel mensen dromen van tevoren dat ze het vliegtuig hebben gemist. Ze dromen dat ze hun paspoort of bankpas zijn vergeten. Het hotel bestaat niet of de hotelkamer zit vol vieze beestjes.
Voor sommigen is de stress nog niet afgelopen als ze op vakantie zijn. De rit naar de vakantiebestemming toe is vermoeiend. Vragen als 'Heb je de zwembroeken ingepakt?' geven stress.
Vader en moeder en de kinderen zijn niet gewend om 24 uur per dag bij elkaar te zijn. Ze zijn geïrriteerd of ze krijgen ruzie. Vader wil naar het strand en moeder wil naar een museum, het ene kind wil in de tent liggen en het andere kind wil naar huis. Gezellig.
Na twee weken is het eindelijk zover. De vakantie is afgelopen. Iedereen is weer terug naar school of naar het werk. De buren vragen: 'Hoe is de vakantie geweest?' 'Heerlijk! We hebben een heerlijke vakantie gehad!'

1	De mensen hebben het vliegtuig gemist.	waar / niet waar
2	Het hotel bestaat niet.	waar / niet waar
3	Het is fijn als de vakantie is afgelopen.	waar / niet waar
4	De mensen zeggen dat ze een fijne vakantie hebben gehad.	waar / niet waar

Oefening 13
Kijk naar de woordenlijst en onderstreep de regelmatige werkwoorden. Highlight de onregelmatige werkwoorden.

> ### The Netherlands and the sea
> For 2000 years, the Dutch have often had to cope with floods. The name 'Netherlands' gives a clue why, since 'Nether' means 'low' and it literally means 'The Low Countries'. When a storm develops and the wind stirs the waves, the Dutch coastal area can be flooded. The last time it happened on a large scale was just over fifty years ago in the province of Zeeland. In the 1953 flood, almost 2000 people and thousands of cattle lost their lives.
> The disastrous floods led to the Delta Works. Although the original idea was to close off all the inlets, ultimately a flood barrier for the Oosterschelde was opted for. This way a unique brackish tidal area could be preserved and so could the mussel and oyster culture.
> You can see how the Delta Works came about and the structural tours de force in the construction if you go to Waterland Neeltje Jans at the Oosterschelde Barrier.
> The Delta Works have made Zeeland safe and provided it with good road connections.
> Source: www.zeeland.nl

Wat heb je gisteren gedaan?

Doe nu de exercises op de website. Als je klaar bent met de exercises kun je de test bij hoofdstuk 8 maken.

Op de volgende pagina vind je een woordenlijst in volgorde van opkomst.

hoofdstuk 8

gisteren	yesterday	bezichtigen	to view
vakantie, de	holidays, the	kerk, de	church, the
foto, de	photograph, the	strand, het	beach, the
slapen	to sleep	ijsje, het	ice cream
zonnen	to sunbathe	zee, de	sea, the
souvenir, het	souvenir, the	fantastisch	fantastic
pakken	to pack	insmeren	to grease / to rub on
bedenken	to think	waarschuwen	to warn
strijken	to iron	onvoorzichtig	careless
eerder	before	paar, het	couple, the
trui, de	jumper, the	vermaken (zich -)	to enjoy oneself
nodig	necessary	lol, de	fun, the
zomer, de	summer, the	heerlijk	delicious, lovely, wonderful
vorig	last		
bikini, de	bikini, the	olijf, de	olive, the
zonnebrandcrème, de	sun tan lotion, the	natuur, de	nature, the
verbranden	to get a sunburn	excursie, de	excursion, the
winkelen	to shop	stressvol	stressful
trouwens	by the way	dromen	to dream
gisteravond	yesterday evening	van tevoren	beforehand
afgelopen	last	paspoort, het	passport, the
geleden	ago	bankpas, de	cash card, the
eergisteren	day before yesterday, the	beestje, het	little animal, the
vanmorgen	this morning	aflopen	to finish
varen	to travel by boat	rit, de	trip, the
schaatsen	to ice skate	vakantiebestemming, de	holiday destination, the
opruimen	to tidy up		
nacht, de	night, the	vermoeiend	tiring
vannacht	last night	zwembroek, de	bathing trunks, the
wakker	awake	stress, de	stress, the
klimmen	to climb	wennen	to get used to
berg, de	mountain, the	irriteren	to irritate
boeken	to book	ruzie, de	quarrel, the
museum, het	museum, the	tent, de	tent, the
zwembad, het	swimming pool, the	eindelijk	finally
bezoeken	to visit	school, de	school, the
boot, de	boat, the	buren, de	neighbours, the

9

Mag ik bestellen?

Doe eerst de **preparation** op de website.

After this chapter you can:
- order in a bar or restaurant
- make a reservation at a restaurant
- talk about food and drinks

hoofdstuk 9

Oefening 1
Maak de opdracht.

Ik ga nooit / soms / vaak uit eten in een restaurant.

Ik eet graag Nederlands / Frans / Aziatisch / _____ eten.

Bij het eten drink ik meestal wijn / bier / water / frisdrank / niets / _____.

In een restaurant bestel ik meestal een voorgerecht / hoofdgerecht / nagerecht.

Mijn favoriete nagerecht is: _____.

Als ik uit eten ga, geef ik geen / een kleine / een grote fooi.

Bespreek de antwoorden met een medecursist.

Oefening 2
Wie zegt wat? Zet de zinnen in de juiste kolom.

1	Kunnen we bestellen?	7	Een rode wijn, graag.
2	Wilt u de menukaart?	8	Wat is de huiswijn?
3	Heeft het gesmaakt?	9	Wat hebt u op de tap?
4	Mogen we de rekening, alstublieft?	10	Alles naar wens?
5	Hebt u gereserveerd?	11	Laat de rest maar zitten.
6	Ik kom zo bij u.	12	Hebt u een keuze gemaakt?

Ober / serveerster	Klant

Mag ik bestellen?

Oefening 3
Voer een gesprek. Werk in drietallen.
Je bent in een restaurant. Cursist A is de ober / serveerster. Cursist B en C zijn de klant. Gebruik de zinnen van oefening 2 en de menukaart hieronder.

Menu

Voorgerechten
Tomatensoep
Griekse salade
Gerookte zalm

Hoofdgerechten
Biefstuk met friet
Tonijn met pasta
Vegetarische taart

Nagerechten
IJs met vruchten
Chocolademousse
Kaas

1 gang: € 14,50
2 gangen: € 18,50
3 gangen: € 21,50

Oefening 4
17
Luister naar de dialoog. Vul in.

Tijd: _____

Aantal personen: _____

Telefoonnummer: _____

Lees nu de tekst op bladzijde 127.

103

hoofdstuk 9

Oefening 5
Wat zijn voorgerechten, hoofdgerechten en nagerechten? Zet de woorden in de juiste kolom. Werk samen.

friet, gebakken kipfilet, slagroom, rijst, tomatensoep, groenten, carpaccio met parmezaanse kaas, stokbrood met kruidenboter, chocolademousse, kippensoep, garnalenkroketjes, aardbeienparfait, biefstuk, roerbakgroenten, aardappelpuree, varkenshaas met champignonroomsaus, tagliatelle, gamba's, dame blanche, salade met geitenkaas, kaasplankje, vanillepudding, zalm in kreeftensaus

Voorgerecht	Hoofdgerecht	Nagerecht

Praten over eten

☺

Ik vind ... lekker.

Ik vind ... zalig.

Ik vind ... heerlijk.

😐

Ik vind ... best lekker.

Smaakt het?

Het gaat wel.

☹

Ik hou niet van ...

Ik vind ... niet lekker.

Ik vind ... vies.

Mag ik bestellen?

Oefening 6
Praat met een medecursist over eten. Wat is jouw favoriete menu? Wat vind je lekker en wat niet?

Gebruik de comparatief (hoofdstuk 7): ik vind vlees lekkerder dan vis.
Gebruik woorden als: heel, een beetje, niet zo, niet helemaal niet.

Oefening 7
Luister naar de docent. Let op de uitspraak van *hij*.

1 Heeft hij al besteld?
2 Morgen gaat hij uit eten.
3 Hij heeft vis genomen.
4 Weet hij al wat hij wil?
5 Hij kan goed koken.
6 Komt hij hier iedere dag?

Zeg de zinnen nu na.

Oefening 8
Maak een vriendelijke vraag. Gebruik *zou(den)*. Reageer op de vraag van je medecursist.

Cursist A	Cursist B
fiets lenen	vraag stellen
raam opendoen	pen lenen
menukaart zien	tafel reserveren
afrekenen	betalen

Oefening 9
Stel elkaar vragen. Gebruik de comparatief. Geef antwoord met dat.
Gebruik: Ik denk dat ...
Ik vind dat ...
Ik geloof dat ...

Voorbeeld:
Cursist A: Wat kook je sneller, een ei of aardappelen?
Cursist B: Ik denk dat je sneller een ei kookt dan aardappelen.

105

hoofdstuk 9

Cursist A
1 gezond – een appel of een peer
2 duur – kip of rundvlees
3 lekker – bier van de tap of bier uit een flesje
4 goed – in een restaurant of in een eetcafé

Cursist B
Ik denk dat ...

Cursist B
1 graag – thuis eten of in een restaurant eten
2 lekker – rode wijn of witte wijn
3 veel – koffie of thee
4 ongezond – chips of pinda's

Cursist A
Ik denk dat ...

Oefening 10
Praat samen over de internetopdracht. Werk in drietallen. Vergelijk jullie restaurants.

1 Welk restaurant is gezellig?
2 Welk menu lijkt jullie lekker?
3 Wat vinden jullie van de prijzen?
3 Waar gaan jullie eten?
4 Waarom gaan jullie daar eten?

Oefening 11
Luister naar de dialoog en beantwoord de vragen.

1	Anna gaat uit eten met een vriendin.	waar / niet waar
2	Frank is ober.	waar / niet waar
3	Anna wil spaghetti bolognese eten.	waar / niet waar
4	Anna gaat rode wijn drinken.	waar / niet waar
5	Anna heeft om 20.00 uur afgesproken.	waar / niet waar
6	Tim mag mee.	waar / niet waar

Controleer je antwoorden met de tekst op bladzijde 128.

zijn	aan het	infinitief
Wat **ben** je	aan het	doen?
Ik **ben** een boek	aan het	lezen.

Mag ik bestellen?

Oefening 12
Wat ben ik aan het doen? Je medecursist moet raden. Kies een van de volgende activiteiten:

een banaan eten
boodschappen doen
een ei bakken
een glas wijn drinken
koffie zetten
de afwas doen
de rekening vragen
een tafeltje reserveren

Oefening 13
Lees de tekst en combineer de zinnen.

Mijn zus en ik zitten gezellig in een café. We zijn koffie aan het drinken en aan het kletsen over van alles en nog wat. Plotseling zegt ze: 'Hé, kijk daar wie daar zit. Het is Máxima!' Ik zie niets. 'Ze zit precies achter je.' Om haar te kunnen zien moet ik me helemaal omdraaien. Dat doe ik natuurlijk niet. Dat is niet beleefd. Ik zeg tegen mijn zus dat ik naar de wc ga. Zo kan ik onopvallend kijken. Ik loop naar de wc en kijk goed rond. Ik zie iemand zitten met lang blond haar, maar zij is aan het bestellen en heeft haar gezicht achter de menukaart. Ik zie niets.
Op de terugweg van de wc zie ik de blonde vrouw van de achterkant. Ik zie weer niets.
Mijn zus vraagt: 'Zie je haar? Dat is haar toch? Wow, ik zie haar in het echt!'
Ik zeg dat ze stil moet zijn.
Dan komt de ober aan ons tafeltje. 'Hebben jullie gezien wie er in ons café zit? Máxima!'
'O, ja?', zegt mijn zus, 'Daar let ik niet op, hoor. Dat vind ik helemaal niet interessant.'

1	Ik denk dat	a	Máxima interessant is.
2	Mijn zus vindt dat	b	Máxima in het café zit.
3	De ober zegt dat	c	kijken niet beleefd is.
4	Mijn zus zegt dat	d	Máxima niet interessant is.

Oefening 14
Kijk naar de woordenlijst en onderstreep de werkwoorden waar je *zijn aan het* voor kunt zetten.

hoofdstuk 9

> **Tipping**
>
> Tips in the Netherlands are a small sum of money for services rendered, but certainly not mandatory. It is up to the customer whether he wants to give a tip or not. If the service was bad, the waiter is not likely to be tipped.
>
> If the service was good at a restaurant or bar, the customer tends to round off the amount on the bill, e.g. if the bill is € 8.50, you pay € 9.00. In general a tip is from 5 to 10% of the bill.
>
> The Dutch tip at bars and restaurants, but not at fast food restaurants or snack bars. Taxi drivers can also count on a tip, but not hairdressers.

Doe nu de exercises op de website. Als je klaar bent met de exercises kun je de test bij hoofdstuk 9 maken.

Op de volgende pagina vind je een woordenlijst in volgorde van opkomst.

Mag ik bestellen?

opdracht, de	assignment, the	roerbakken	to stir fry
uit eten gaan	to go out for dinner	aardappelpuree, de	mashed potatoes, the
bestellen	to order	geitenkaas, de	goat cheese, the
voorgerecht, het	starter, the	varkensvlees, het	pork, the
hoofdgerecht, het	main course, the	champignon, de	mushroom, the
nagerecht, het	dessert, the	kreeft, de	lobster, the
fooi, de	tip, the	roomsaus, de	cream sauce, the
menukaart, de	menu, the	kaasplankje, het	assorted cheese, the
smaken	to taste	pudding, de	pudding, the
rekening, de	bill, the	favoriet	favourite
tap, de	bar, the	zalig	delicious
wens, de	wish, the	vies	not tasty / dirty
rest, de	rest, the	afrekenen	to pay, to settle the bill
keuze, de	choice, the	geloven	to believe
ober, de	waiter, the	gezond	healthy
serveerster, de	waitress, the	rundvlees, het	beef, the
klant, de	customer, the	fles, de	bottle, the
tomatensoep, de	tomato soup, the	eetcafé, het	pub that serves meals, the
gerookt	smoked		
zalm, de	salmon, the	ongezond	unhealthy
biefstuk, de	steak, the	pinda, de	peanut, the
friet, de	French fries, the	opmaken (zich -)	to put on make-up
tonijn, de	tuna, the	jurk, de	dress, the
vegetarisch	vegetarian	tip, de	helpful hint, the
taart, de	pie, cake, the	allemaal	all / everything
vrucht, de	fruit, the	of zo	or something like that
chocolademousse, de	chocolate mousse, the	alleen	alone
gebakken	baked	kletsen	to chat
kip, de	chicken, the	van alles en nog wat	all sorts of things and more
slagroom, de	whipped cream, the		
boter, de	butter, the	plotseling	suddenly
kruidenboter, de	herb butter, the	prinses, de	princess, the
garnaal, de	shrimp, the	omdraaien	to turn
kroket, de	croquette, the	beleefd	polite
aardbei, de	strawberry, the	onopvallend	inconspicuous
parmezaanse kaas, de	parmesan cheese, the	terugweg, de	way back, the

hoofdstuk 9

achterkant, de	back, the
weer	again
echt	really
stil	quiet
letten op	to pay attention
interessant	interesting

10

After this chapter you can:
- ask about clothes
- specify the colours
- say something is wrong
- talk about sizes

hoofdstuk 10

Oefening 1

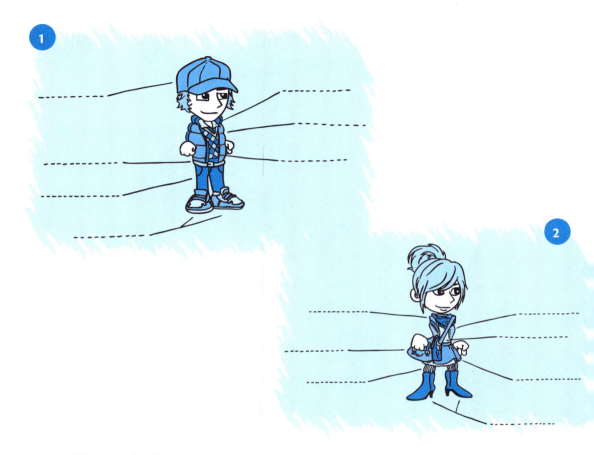

Vul de woorden in.
Plaatje 1 – kies uit: de riem, de trui, het overhemd, de schoenen, de broek, de pet, de jas
Plaatje 2 – kies uit: het vest, de sjaal, de laarzen, de rok, de maillot, het T-shirt, de tas

Vertel elkaar wat je vandaag draagt.

Voorbeeld:
Vandaag draag ik een donkerrode trui en een blauwe spijkerbroek.

 ## Oefening 2
Welke kleren heb je gevonden in de internetopdracht? Vergelijk de woorden met die van je medecursisten. Werk in drietallen. Praat over de kleren.

Voorbeeld:
Ik draag graag een spijkerbroek, maar ik draag nooit een jurk.

Oefening 3
Luister naar de dialoog. Wat hoort bij wie?

Lisa / Julia heeft nieuwe kleren.
Lisa / Julia vindt het moeilijk om kleren te kopen.
Lisa / Julia heeft een oude broek aan.
Lisa / Julia heeft gisteren gewinkeld.
Lisa / Julia gaat mee kleren kopen.
Lisa / Julia gaat helpen kleren uitzoeken.
Lisa / Julia wil een nieuwe jurk.

Lees nu de tekst op bladzijde 128.

Oefening 4
Wie zegt wat?

Kan ik u helpen?
Waar kan ik passen?
Deze broek is te groot.
Hebt u hem een maat kleiner?
De paskamers zijn daar.
Hoe vindt u het zelf?

Wilt u een maat groter proberen?
Deze wordt het?
Ik vind dit model niet mooi staan.
Roze staat u goed.
Hoe zit deze?

De verkoper

_____
_____
_____
_____
_____

De klant

_____
_____
_____
_____
_____

hoofdstuk 10

Oefening 5
Werk in tweetallen. Maak dialogen.
Cursist A is de klant. Cursist B is de verkoper. Wissel van rol.

Cursist A

Klant 1
spijkerbroek
donkerblauw
maat 32– 32
strak model
prijs: maximaal € 80,-

Klant 2
trui
lichte kleur
maat medium
V-hals
prijs: maximaal € 50,-

Cursist B

Klant 1
jas
niet geel
maat large
waterdicht
prijs: maximaal € 75,-

Klant 2
T-shirt
wit
maat medium
korte mouwen
prijs: het goedkoopste

Oefening 6
Beantwoord de vragen positief. Krijgt het adjectief een *e*?

Voorbeeld:
Cursist A: Is de bloes wit?
Cursist B: Ja, het is een witte bloes.

Cursist A	Cursist B
1 Is de rok kort?	1
2 Zijn de sokken warm?	2
3 Is de maat goed?	3
4 Is het vest grijs?	4
5 Zijn de laarzen mooi?	5

Hebt u hem een maat groter?

Cursist B	Cursist A
1 Is het T-shirt bruin?	1
2 Zijn de schoenen kapot?	2
3 Is de jurk feestelijk?	3
4 Is de trui zacht?	4
5 Is de broek donkerblauw?	5

Oefening 7
Luister naar de dialoog en kruis het goede antwoord aan. Soms zijn meer antwoorden goed.

1 Het eerste paar: ☐ te groot ☐ te klein ☐ niet mooi
2 Het tweede paar: ☐ mooi ☐ bruin ☐ maat 42 ☐ goede kwaliteit ☐ € 256,-
3 Het derde paar: ☐ zit lekker ☐ te duur ☐ € 100,- ☐ Peter koopt de schoenen

Controleer je antwoorden met de tekst op bladzijde 128-129.

Oefening 8
Zeg de docent na. Let op de uitspraak van de *ie, ou, au, ui, ei, ij* en *eu*.

1 Zou je mij kunnen zeggen hoe oud die schoenen zijn?
2 Uit deze kleuren kan ik niet kiezen.
3 Die ontwerpers denken dat vrouwen niet van blauw houden.
4 Het meisje draagt een dure jurk van zijde.
5 Moeten jongens altijd lange broeken en truien dragen?
6 Hij ziet er keurig uit in zijn driedelig pak.
7 Het is koud. Doe je handschoenen aan en je muts op.
8 Ik ben benieuwd of de nieuwe geur van Viktor en Rolf lekker ruikt.

hoofdstuk 10

Oefening 9
Werk in tweetallen. Maak dialogen. Gebruik de instructies uit het schema.

Cursist A – klant

Je past een groene broek.
De 1e broek is te strak.
De 2e broek is goed, maar je wil een andere kleur.
De 3e broek is goed, vraag naar de prijs.
Koop je de broek?

Cursist B – verkoper

De groene broek staat goed, probeer de groene broek te verkopen.

De broek kost € 145,-.
Zeg dat dat niet duur is, leg uit waarom.

Cursist B – klant

Je past laarzen.
Het 1e paar is te klein.
Het 2e paar is te groot.
Vraag naar halve maten (bijv. 38½).

Cursist A – verkoper

Je hebt de laarzen in een grotere maat.

Er zijn geen halve maten.
Probeer andere laarzen te verkopen.

Oefening 10
Noem een … die / dat begint met … De beginletter is steeds anders.
- een kledingstuk
- een kamer
- eten of drinken
- fruit of groente
- activiteit
- land
- taal
- familielid
- getal
- vervoermiddel (transport)
- maand

Oefening 11
Lees de tekst en beantwoord de vragen.

Peter heeft binnenkort een gala. Hij moet in smoking gaan, maar die heeft hij niet. Hij gaat naar een vriend om te vragen of hij de smoking van hem kan lenen. Hij komt bij de vriend aan en vraagt: 'Zeg, Jan-Jaap, jij hebt toch een smoking? Zou ik hem van je kunnen lenen?' 'Natuurlijk kerel, ik ga hem even voor je pakken.' Even later komt Jan-Jaap met de smoking en kan Peter hem passen. De smoking is jammer genoeg veel te groot. Jan-Jaap vindt dit geen probleem. 'Kerel, je doet gewoon bretels aan en dan is er niets aan de hand. In een grotere maat lijk je tenminste ook niet zo mager.'
Zo gezegd, zo gedaan. Peter komt op het gala in Jan-Jaaps smoking met bretels die Peter zelf nog in de kast had liggen.
Peter voelt zich wat onwennig in het pak. Hij heeft nog nooit eerder een smoking gedragen en het pak is natuurlijk te groot. Maar dan komt er een mooie meid op hem af en ze vraagt of hij zin heeft om te dansen. Ze lopen naar de dansvloer en beginnen met een chachacha. Peter voelt zich steeds beter en danst ook de Engelse wals.
Plotseling voelt hij iets springen. De bretels schieten los. Gelukkig heeft Peter zijn mooiste onderbroek aangedaan.
Hij vlucht met een rood hoofd naar een donkere hoek. Weg van de dansvloer. Hij bestelt een dubbele whisky en komt niet meer tevoorschijn. Bedankt, Jan-Jaap. Kerel, ik luister nog eens naar je, denkt Peter.

1 Peter leent een smoking en bretels van Jan-Jaap.   waar / niet waar
2 Jan-Jaap vindt de smoking te groot voor Peter.   waar / niet waar
3 Peter voelt zich eerst niet lekker in de smoking.   waar / niet waar
4 Peter danst met een mooi meisje.   waar / niet waar
5 Peter is blij dat hij naar Jan-Jaap heeft geluisterd.   waar / niet waar

Oefening 12
Kijk naar de woordenlijst en <u>onderstreep</u> de woorden die je belangrijk vindt.

Fashion designers
Dutch fashion is making an impression all across the globe.

The Netherlands has several internationally successful fashion designers (Viktor & Rolf, Spijkers and Spijkers) and fashion brands (G-Star, Sandwich, Gsus, JustB). A key organization supporting fashion designers is the Dutch Fashion Foundation (DFF). The Dutch fashion sector can be characterised as:
- conceptual
- open-minded
- pragmatic
- process-oriented
- innovative.

The Netherlands is becoming an international stage for the fashion industry with initiatives like the Arnhem Mode Biennale, Amsterdam International Fashion Week, Streetlab and Dutch Fashion Awards.

Source: www.hollandtrade.com/sector-information/creative-industries/fashion

Doe nu de exercises op de website. Als je klaar bent met de exercises kun je de test bij hoofdstuk 10 maken.

Op de volgende pagina vind je een woordenlijst in volgorde van opkomst.

Hebt u hem niet groter?

maat, de	size, the	feestelijk	festive
riem, de	belt, the	zacht	soft
overhemd, het	shirt, the	rondkijken	to look around
pet, de	cap, the	veter, de	shoelace, the
vest, het	cardigan, the	zoiets	something like this
sjaal, de	scarf, the	hoog	high
laars, de	boot, the	afwerken	to finish
rok, de	skirt, the	merk, het	brand, the
maillot, de	tights, the	teen, de	toe, the
dragen	to wear	rand, de	brim, the
spijkerbroek, de	jeans, the	nadenken	to think about it
kleren, de	clothes, the	hulp, de	help, the
uitzoeken	to choose, to select	paar, het	pair, the
passen	to try on, to fit	kwaliteit, de	quality, the
moeilijk	difficult	ontwerper, de	designer, the
ding, het	thing, the / item, the	zijde, de	silk, the
hoek, de	corner, the	keurig	trim and neat
kennen	to know	driedelig	three-piece
advies, het	advice, the	pak, het	suit, the
eerlijk	honest	handschoen, de	glove, the
staan	to suit	muts, de	cap, the
verkoper, de	salesman, the	benieuwd	curious
paskamer, de	fitting room, the	geur, de	smell, the
proberen	to try	ruiken	to smell
zelf	yourself	uitleggen	to explain
model, het	model, the	verkopen	to sell
roze	pink	oranje	orange
zitten	to fit / to sit	kledingstuk, het	article of clothing, the
strak	tight	familielid, het	family member, the
V-hals, de	V-neck, the	binnenkort	soon
geel	yellow	smoking, de	tuxedo, the
waterdicht	waterproof	lenen	to borrow
mouw, de	sleeve, the	kerel, de	lad, the
bloes, de / blouse, de	blouse, the	even	momentarily
sok, de	sock, the	jammer genoeg	unfortunately
grijs	grey	bretels, de	suspenders, the

hoofdstuk 10

aan de hand	the matter
tenminste	at least
mager	thin
kast, de	cupboard, the
voelen (zich -)	to feel
onwennig	uneasy
meid, de	girl, the
dansvloer, de	dance floor, the
springen	to snap / to jump
losschieten	to get loose
onderbroek, de	underpants, the
vluchten	to flee
hoofd, het	head, the
weg	away
vloer, de	floor, the
tevoorschijn komen	to appear

Appendix 1
Transcripts and B-roles for exercises

Hoofdstuk 1

Transcript luisteroefening 2
- Hallo, ik ben Peter Johnson. Wie ben jij?
- Ik ben Maria Capponi. Waar kom je vandaan?
- Ik kom uit Nieuw-Zeeland. En jij?
- Ik kom uit Italië en ik woon nu in Nederland.

- Hoi, mijn naam is Aleksi. Hoe heet jij?
- Hallo, ik heet Sandra. Hoe spel je jouw naam?
- A-l-e-k-s-i.
- Waar kom je vandaan?
- Ik kom uit Polen. En jij?
- Ik kom uit Duitsland, maar mijn moeder is Nederlandse.

Oefening 4
Cursist B

Voornaam	Achternaam	Land	Taal
	Sturge	Engeland	
Isabel		Spanje	Spaans
	Meijer		

Transcript luisteroefening 7

Carlos	Hallo, ben jij nieuw in de groep?
Anna	Ja, dat klopt. Mijn naam is Anna.
Carlos	En waar kom je vandaan?
Anna	Ik kom uit Spanje, maar ik woon nu in Alkmaar.
Carlos	O, wat leuk! Hoe gaat het met je?
Anna	Prima. En met jou?
Carlos	Het gaat wel. Ik ben een beetje moe.
Anna	Jouw naam is Carlos, hè? Kom je ook uit Spanje?
Carlos	Nee, ik kom uit Colombia.
Anna	Aangenaam.

appendix 1

Hoofdstuk 2

Transcript luisteroefening 2

Tim Ha, Anna. Hoe gaat het?
Anna Hoi, Tim. Met mij gaat het prima. En met jou?
Tim Ook goed. Wat doe je vanavond?
Anna Vanavond ga ik naar dansles. Heb je zin om mee te gaan?
Tim Nee, dank je. Dat is niets voor mij. Ik hou van balsporten, zoals voetbal en basketbal.
Anna Wat jammer. Dansen is zo leuk. Veel bewegen op mooie muziek. Lisa komt ook. Zij begeleidt ons op de piano. Zij kan heel goed pianospelen.
Lisa Hoi, Anna en Tim. Praten jullie over mij?
Tim Kan jij zo goed pianospelen?
Lisa Best wel. Ik vind het heel leuk om te doen en ik oefen elke dag. Vanavond speel ik bij dansles. Maar nu moet ik weg, want ik ga fitnessen. Dag!
Tim en Anna Dag, veel plezier.

Oefening 4
Cursist B

	☺ leuk	☹ niet leuk
Peter	reiten	zwemmen
Carla	lezen	skypen
Jessica	naar muziek luisteren	dansen
Bruno	joggen	fitnessen
Jack	roken	volleyballen

Hoofdstuk 3

Transcript luisteroefening 3 en 4
Ik vertel je over mijn familie. Ik heb geen zussen. Ik heb twee broers. Mijn oudste broer woont samen. Ze hebben drie kinderen: één meisje en twee jongens. Mijn jongere broer is niet getrouwd en heeft ook geen kinderen.
Mijn vader heeft twee zussen. Mijn tante en oom hebben een zoon en een dochter en de andere tante is gescheiden. Ze heeft een zoon. Ik heb dus twee neven en een nicht van mijn vaders kant.
Mijn moeder heeft twee broers en een zus. Mijn oom woont samen met een man. Zij hebben geen kinderen. Mijn andere oom is getrouwd. Zij hebben twee dochters. Mijn

tante is ook getrouwd. Ze hebben geen kinderen. Ik heb dus twee nichten van mijn moeders kant.
De vader van mijn vader is overleden, maar zijn moeder leeft nog. De ouders van mijn moeder zijn dood. Ik heb dus één oma.

Transcript luisteroefening 9
Mijn fiets is gestolen, dat vind ik heel erg. Ik zag iemand met mijn fiets wegfietsen! De dief is een man. De man heeft geen baard en geen snor. Hij is jong en heeft kort haar. De kleur van zijn ogen weet ik niet. Hij draagt geen bril.

Hoofdstuk 4

Transcript luisteroefening 2
Julia Gaat het goed met je? Je ziet er moe uit.
Lisa   Ja, ik ben ook moe. Ik sta iedere morgen om kwart voor zes op. Dan douch ik, neem een boterham en een kop thee. Van half zeven tot half negen ga ik schoonmaken in een ziekenhuis.
Julia Dat is vroeg.
Lisa   Ja, het is vroeg. Maar daarna kan ik naar college.
Julia Ik sta pas om half negen op. Dan kleed ik me aan, drink koffie en dan fiets ik naar de universiteit. Daar ben ik dan om negen uur. Doe je dat werk ook in het weekend?
Lisa   Nee, in het weekend ben ik vrij, dan kan ik uitslapen. Gelukkig.
Julia Heb je zin om vrijdagavond bij me te komen eten? Dan kan ik voor je koken. Daarna kunnen we misschien nog uitgaan. Je kunt zaterdag toch uitslapen.
Lisa   Daar heb ik wel zin in! Leuk.
Julia Tot vrijdag dan.
Lisa   Tot vrijdag.

Transcript luisteroefening 5
Het is vijf over negen.
Het is half zeven.
Het is tien over half tien.
Het is elf uur.
Het is half elf.
Het is kwart over acht.
Het is tien over vier.
Het is half zes.
Het is tien voor zeven.
Het is tien voor half een.

appendix 1

Oefening 7
Cursist B
- koffie drinken; 11.00 uur
- lunchen; 12.30 uur
- studeren; 13.45 uur
- boodschappen doen; 16.10 uur
- eten koken; 18.20 uur

Hoofdstuk 5

Transcript luisteroefening 2

Anna Kook jij vanavond?
Tim Dat is goed. Wat zal ik maken? Spaghetti met rode saus?
Anna Ja, lekker. Met sla.
Tim Even kijken. Ik maak een lijstje. Een pak spaghetti, een blik tomaten, gehakt. Rundergehakt of half-om-half?
Anna Rundergehakt.
Tim Goed. Nog meer?
Anna Ja, sla, komkommer en yoghurt of vla.
Tim Ik vind vanillevla lekker.
Anna Oké. Vanillevla.
Tim Nou, dan ga ik maar. Tot straks.
Anna Je vergeet je portemonnee en neem ook een tas mee.
Tim Oei, dank je. Bijna voor niets naar de supermarkt gefietst. Tot zo.
Anna Tot zo.

Transcript luisteroefening 6

Verkoopster Goedemorgen, mevrouw. Hebt u een kortingskaart?
Klant Wat zegt u? Ik begrijp u niet. Kunt u langzamer praten?
Verkoopster Hebt u een kortingskaart?
Klant Nee, die heb ik niet.
Verkoopster Wilt u een kortingskaart?
Klant Nee, dank u.
Verkoopster Wilt u er een tasje bij?
Klant Pardon?
Verkoopster Wilt u er een plastic zak bij?
Klant Ja, graag.
Verkoopster Dat wordt dan in totaal € 10,45, alstublieft.
Klant Mag ik pinnen?
Verkoopster Ja, natuurlijk. Ga uw gang.
  Dag, mevrouw. Fijne dag.
Klant Tot ziens.

Hoofdstuk 6

Transcript luisteroefening 2
Aan de telefoon.
Rick   Dag, oom John. Met Rick.
John   Hallo, Rick. Hoe gaat het?
Rick   Prima en met jou?
John   Ook goed. Hoe laat kom je morgen op bezoek?
Rick   Ik neem de trein van 9.45 uur. De reis duurt ongeveer twee uur, dus dan ben ik rond 11.45 uur in Enschede. Welke bus moet ik nemen om bij je huis te komen?
John   Ik haal je op met de auto, omdat dat makkelijk is. En ik vind dat gezellig.
Rick   Oh, dat is fijn.
John   Bel me als je vertraging hebt, of als je de trein mist. Wacht op me voor het station, dan haal ik je daar op.
Rick   Dat zal ik doen.
John   Tot morgen en goede reis. Leuk dat je komt.
Rick   Tot morgen.

Transcript luisteroefening 9
Reiziger	Dag, meneer, mag ik u iets vragen?
NS-medewerker	Natuurlijk, zegt u het maar.
Reiziger	Weet u van welk spoor de trein naar Nijmegen vertrekt?
NS-medewerker	Normaal vertrekt die trein van spoor acht, maar vandaag van spoor zeven.
Reiziger	Weet u ook hoe laat de trein vertrekt?
NS-medewerker	De trein rijdt ieder half uur, om kwart voor en kwart over. De volgende trein vertrekt dus om kwart over drie.
Reiziger	Ik heb geen ov-kaart. Kan ik hier een kaartje kopen?
NS-medewerker	Ja, dat kan. Dan betaalt u wel een beetje meer. Wilt u een enkeltje of een retourtje?
Reiziger	Een retourtje, graag.
NS-medewerker	Met of zonder korting?
Reiziger	Sorry, wat bedoelt u?
NS-medewerker	Hebt u een kortingskaart?
Reiziger	Nee.
NS-medewerker	Dan krijgt u ook geen korting. Het kaartje kost € 23,30. Alstublieft.
Reiziger	Fijn, dank u wel.
NS-medewerker	Geen dank. Goede reis!

appendix 1

Hoofdstuk 7

Transcript luisteroefening 2

Lisa   Ik ben op zoek naar een andere kamer. Ik vind deze kamer te duur en ik woon te ver van het centrum. Ik wil graag dichter bij het centrum wonen. Dat is handig, want dan ben ik dicht bij de winkels.

Julia   Ik wil ook verhuizen. Mijn eigen kamer is zo klein en donker, ik wil graag een grotere en lichtere kamer hebben. Ik heb ook geen tuin of balkon, dat is jammer.

Lisa   Ja, dat vind ik ook belangrijk, dat je buiten kunt zitten. Dit balkon van mij is zo klein, daar kun je niet zitten. Zullen we samen iets zoeken? Het lijkt me gezellig om een appartement te delen.

Julia   Ja, goed idee. Misschien kunnen we een appartement op de begane grond voor twee personen huren.

Lisa   Dus de woning moet lichter zijn en dichter bij het centrum, met onze eigen tuin of balkon. En hij moet goedkoper zijn.

Julia   En hij moet ook ruimer zijn dan mijn kamer nu.

Lisa   Denk je dat dat bestaat?

Transcript luisteroefening 9

Anna   Tim, waar ben je?

Tim   Ik ben in de woonkamer, ik kijk televisie.

Anna   Heb je zin om koffie te drinken in de tuin? De zon schijnt. We kunnen lekker in de zon zitten.

Tim   Jij zit altijd in de zon als de zon schijnt.

Anna   Nou ja, altijd. Dat is niet waar, maar wel regelmatig. Ik vind dat fijn. Straks moet ik weer studeren en de hele tijd in die kleine werkkamer zitten. Het is daar zo donker en koud. De achtste heb ik examen.

Tim   Wat heb jij vaak een examen. Volgens mij hebben jullie vaker een examen dan wij.

Anna   Dat idee heb ik ook. Studeer jij wel?

Tim   Ik studeer regelmatig op de universiteit, in de bibliotheek. Dat zie jij niet, daarom denk je dat ik nooit iets doe.

Anna   Oké, oké, sorry, hoor. Melk en suiker?

Hoofdstuk 8

Transcript luisteroefening 3

Lisa   Heb je je koffers al gepakt voor de vakantie?

Julia   Nee, nog niet. Maar ik heb wel bedacht wat ik mee moet nemen. De kleren zijn gewassen en gestreken.

Lisa   Jij bent al eerder in Spanje geweest. Moet ik ook een trui meenemen?

Julia	Nee, dat is niet nodig. In Spanje is het altijd warm in de zomer. De vorige keer had ik een trui meegenomen, maar ik heb de trui nooit aangehad.
Lisa	Ik heb alleen zomerkleren en een bikini in mijn koffer gedaan.
Julia	Je moet wel zonnebrandcrème meenemen. De vorige keer ben ik heel erg verbrand. Ik heb daarna twee dagen niet in de zon gezeten. Toen heb ik musea bezocht en heb ik gewinkeld. Dat was trouwens ook leuk.
Lisa	Ik heb er heel veel zin in!
Julia	Ik ook.

Transcript luisteroefening 9

Peter	Hé, Lisa, hoe is het? Hoe is je vakantie in Spanje geweest?
Lisa	Fantastisch!
Peter	Je bent toch met Julia geweest? Wat hebben jullie gedaan?
Lisa	We hebben aan het strand gelegen. Maar Julia is heel erg verbrand. Ze had zich niet ingesmeerd. Ze heeft mij gewaarschuwd voor de zon. Maar zelf is ze onvoorzichtig geweest. Toen zijn we naar een paar musea gegaan en we hebben veel door de stad gelopen. En we hebben gewinkeld. Spanje is mooi, dus we hebben ons prima vermaakt. En we hebben veel lol gehad.
Peter	Wat leuk. Hebben jullie ook lekker gegeten?
Lisa	Ja, heerlijk en veel natuurlijk. En we hebben ook lekkere wijn gedronken.
Peter	Hebben jullie ook souvenirs meegebracht?
Lisa	Nee, dat niet. We hebben wel wijn en olijven gekocht voor thuis. Kom maar eens een glas Spaanse wijn drinken.

Hoofdstuk 9

Transcript luisteroefening 4

Ober	Met restaurant 'De Markt', zegt u het maar.
Peter	Goedemiddag, met Peter. Ik wil voor vanavond graag een tafel reserveren. Kan dat?
Ober	Voor hoeveel personen?
Peter	Voor vier personen.
Ober	Hoe laat?
Peter	Om 19.30 uur.
Ober	Ja, hoor. Dat kan. Mag ik uw naam en telefoonnummer noteren?
Peter	Ja, dat is Peter Verbeet en mijn telefoonnummer is 06-5224670.
Ober	06-5224670?
Peter	Ja, dat klopt.
Ober	Goed, dan zie ik u vanavond om 19.30 uur.
Peter	Bedankt, tot vanavond.

appendix 1

Transcript luisteroefening 11

Tim   Hé, wat ben jij aan het doen?
Anna Ik ben me aan het opmaken.
Tim   Waarom? Ga je uit?
Anna Ja, ik ga met Frank uit eten. En ik wil er goed uitzien.
Tim   Met Frank, welke Frank?
Anna Nou, die Frank van café Zeezicht. Je weet wel, die ober.
Tim   Ga je met de ober uit eten?
Anna Ja, is dat zo gek? Hij is heel aardig, hoor. Bovendien studeert hij psychologie.
Tim   Waar gaan jullie eten?
Anna Frank heeft iets gereserveerd. Ik geloof dat hij bij een Italiaans restaurant heeft gereserveerd. Ik bestel geen spaghetti bolognese met deze witte jurk.
Tim   Neem ook maar geen rode wijn.
Anna Bedankt voor de tip.
Tim   Hoe laat hebben jullie afgesproken?
Anna Om acht uur. Wat stel jij eigenlijk veel vragen. Waarom wil je dat allemaal weten? Wil je mee of zo?
Tim   Ja, leuk! Ik heb wel zin in een lekkere pasta.
Anna Dat had je gedacht! Ik ga alleen met Frank uit eten.

Hoofdstuk 10

Transcript luisteroefening 3

Julia Hé, wat zie jij er leuk uit. Heb je nieuwe kleren?
Lisa   Dank je. Ik heb een nieuwe bloes en een nieuw vest. Maar mijn broek is oud. Gisteren heb ik gewinkeld en heb ik deze twee dingen gekocht.
Julia Mooi, hoor. Waar heb je het gekocht?
Lisa   Bij dat kleine winkeltje op de hoek bij de Grote Markt.
Julia O, ja. Dat ken ik. Die mevrouw is heel aardig en geeft goed advies.
Lisa   Dat vind ik ook. Ze is heel eerlijk. Als iets niet staat, zegt ze dat.
Julia Ik wil er eigenlijk ook wel naartoe. Heb je zin om met me mee te gaan? Ik vind het altijd moeilijk om nieuwe kleren te kopen. Dan kun je helpen uitzoeken. Ik wil graag een nieuwe spijkerbroek en een leuke jurk.
Lisa   Prima. Gezellig.

Transcript luisteroefening 7

Verkoper Kan ik u helpen, of kijkt u even rond?
Peter   U kunt me misschien wel helpen. Ik zoek een paar schoenen die netjes zijn, maar die ook lekker zitten. Ik moet veel lopen op mijn werk.

Verkoper	Wilt u laarzen of iets met veters? Wat vindt u van zoiets? Hoge schoenen met veters die toch netjes zijn afgewerkt. Deze schoenen zijn van een goed merk.
Peter	Ja, die vind ik wel mooi.
Verkoper	Welke maat hebt u?
Peter	Maat 42.
Verkoper	Past u deze maar eens. Hoe zitten ze?
Peter	Ze zijn te klein. Ik kom met mijn teen tegen de rand.
Verkoper	Probeert u deze eens. Maat 43.
Peter	Die zitten lekker, zeg. Ik vind ze ook heel goed staan, en ik vind het een mooie kleur. Hoe duur zijn ze?
Verkoper	Deze kosten € 256,-.
Peter	O, dat vind ik te duur. Sorry.
Verkoper	Dit paar lijkt een beetje op die andere schoenen en ze zijn een stuk goedkoper. Deze kosten € 100,-. Wilt u deze eens proberen?
Peter	Dat is goed. Deze zitten lang niet zo lekker als die andere.
Verkoper	Tja. Die andere schoenen zijn van betere kwaliteit.
Peter	Ik moet er nog even over nadenken. Bedankt voor uw hulp.
Verkoper	Dat is prima, hoor. Graag gedaan.

Appendix 2
Grammar

Chapter 1

Personal pronouns and possessive pronouns (singular)

personal pronouns		
1	ik	I
2	je/jij	you
	u	you (formal)
3	hij	he
	ze/zij	she

possessive pronouns		
1	mijn	my
2	je/jouw	your
	uw	your (formal)
3	zijn	his
	haar	her

Verbs – singular (1)

		denken *to think*
1	ik	denk
2	je/jij	denkt
	u	denkt
3	hij	denkt
	ze/zij	denkt

Verbs – singular (2)

		wonen *to live*	**studeren** *to study*	**heten** *to be named*
1	ik	woon	studeer	heet
2	je/jij	woont	studeert	heet
	u	woont	studeert	heet
3	hij	woont	studeert	heet
	ze/zij	woont	studeert	heet

Grammar

Irregular verbs – singular

		zijn *to be*	hebben *to have*	gaan *to go*	komen *to come*
1	ik	ben	heb	ga	kom
2	je/jij u	bent bent	hebt hebt/heeft	gaat gaat	komt komt
3	hij ze/zij	is is	heeft heeft	gaat gaat	komt komt

Chapter 2

Personal pronouns (plural)

personal pronouns		
1	we/wij	we
2	jullie	you
3	ze/zij	they

Verbs – plural

		denk**en** *to think*	studer**en** *to study*	zijn *to be*	gaan *to go*
1	we/wij	denk**en**	studer**en**	zijn	gaan
2	jullie	denk**en**	studer**en**	zijn	gaan
3	ze/zij	denk**en**	studer**en**	zijn	gaan

Inversion

Normal sentences

first place: subject	finite form	rest	(infinite form)
Ik	woon	in Amsterdam.	
Hij	gaat	boodschappen	doen.
Wij	heten	John en Mary.	
Zij	gaan	vanmiddag	zwemmen.

appendix 2

Sentences with inversion

first place	finite form	subject	rest	(infinite form)
In het weekend	woon	ik	in Amsterdam.	
Op zaterdag	gaat	hij	boodschappen	doen.
Vanmiddag	gaan	zij		zwemmen.

Inversion with *je/jij*

Jij	drink**t**	koffie.		
Vandaag	drink	jij	koffie.	
Je	ga**at**	boodschappen	doen.	
In het weekend	ga	je	boodschappen	doen.

Possessive pronouns – plural

	personal pronouns	possessive pronouns
1	we/wij	ons/onze (our)
2	jullie	jullie (your)
3	ze/zij	hun (their)

de words	**het** words
onze pen	ons boek
onze docent	ons land
onze film	ons huis

132

Chapter 3

The plural of nouns

+s	+'s	+en
words ending in	words ending in	the rest
- e - el - em - en - er	- o - a - u - i - y	attention: short vowel / long vowel - f → - ffen / - f → - ven - s → - ssen / - s → - zen
examples de tante – de tantes de vader – de vaders	examples de opa – de opa's de baby – de baby's	examples de neef – de neven de zus – de zussen

Articles

definite (the)	indefinite (a(n))
de → m./f.	een
het → n.	een
de → plural	Ø

Examples

definite	indefinite
Ik koop **de** auto. Ze leest **het** boek.	Ik koop **een** auto. Hij leest **een** boek.
We kopen **de** auto's. Ze leest **de** boeken.	Ze kopen Ø auto's. We lezen Ø boeken.

The negation – *geen*

positive	negative
Ik heb **een** tante. Hij heeft **een** broer. Ze hebben **een** grote familie.	Ik heb **geen** tante. Hij heeft **geen** broer. Ze hebben **geen** grote familie.
We hebben Ø kinderen. Daar wonen Ø nieuwe mensen.	We hebben **geen** kinderen. Daar wonen **geen** nieuwe mensen.

appendix 2

Conjunctions: *en, maar, of, want*

hoofdzin	+	hoofdzin
Ik ben heel sportief	**en**	ik ben vrolijk.
Rick is geduldig	**maar**	hij is ook snel.
Ben je romantisch	**of**	ben je realistisch?
Ik kom vandaag niet	**want**	ik kom morgen.

Chapter 4

Separable verbs

opstaan	**voor**stellen	**uit**laten
Ik sta om zes uur **op**.	Ik stel mijn neef **voor**.	Ik laat de hond **uit**.
Jij staat om zes uur **op**.	U stelt uw neef **voor**.	Je laat de hond **uit**.
Zij staat om zes uur **op**.	Hij stelt zijn neef **voor**.	Ze laat de hond **uit**.
Wij staan om zes uur **op**.	We stellen onze neef **voor**.	Wij laten de hond **uit**.
Jullie staan om zes uur **op**.	Jullie stellen jullie neef **voor**.	Jullie laten de hond **uit**.
Ze staan om zes uur **op**.	Zij stellen hun neef **voor**.	Ze laten de hond **uit**.

Reflexive verbs

zich wassen *to wash*	**zich** aankleden *to get dressed*	**zich** scheren *to shave*
Ik was **me**.	Ik kleed **me** aan.	Ik scheer **me**.
Jij wast **je**.	Je kleedt **je** aan.	Jij scheert **je**.
U wast **u/zich**.	U kleedt **u/zich** aan.	U scheert **u/zich**.
Hij/Zij wast **zich**.	Hij/Ze kleedt **zich** aan.	Hij/Zij scheert **zich**.
Wij wassen **ons**.	We kleden **ons** aan.	Wij scheren **ons**.
Jullie wassen **je**.	Jullie kleden **je** aan.	Jullie scheren **je**.
Ze wassen **zich**.	Zij kleden **zich** aan.	Ze scheren **zich**.

Inversion

normal sentence	sentence with inversion
Ik sta om negen uur op.	Om negen uur sta **ik** op.
Hij gaat op zaterdag sporten.	Op zaterdag gaat **hij** sporten.
We gaan vanavond naar de film.	Vanavond gaan **we** naar de film.
Ze eten om zeven uur 's avonds.	Om zeven uur 's avonds eten **ze**.

Grammar

Irregular verbs

		zullen	kunnen	willen	mogen
1	ik	zal	kan	wil	mag
2	je/jij	zal/zult	kan/kunt	wil/wilt	mag
	u	zal/zult	kan/kunt	wil/wilt	mag
3	hij	zal	kan	wil	mag
	ze/zij	zal	kan	wil	mag
1	we/wij	zullen	kunnen	willen	mogen
2	jullie	zullen	kunnen	willen	mogen
3	ze/zij	zullen	kunnen	willen	mogen

Chapter 5

Object forms

subject	object	
ik	me/mij	me
je/jij	je/jou	you
u	u	you *formal*
hij	hem	him
zij	haar	her
we/wij	ons	us
jullie	jullie	you
ze/zij	ze/hun/hen	them

Negations – *niet*

Nee, ik kook **niet**.   Het gaat **niet** goed.
Mijn neef komt **niet**.   Ik ga **niet** naar de markt.
Nee, ik ben **niet** jarig.   Hij komt **niet** uit Duitsland.

You put **niet** before:
- an adjective/adverb
- a preposition

appendix 2

Diminutives

normal	diminutive
de zak	het zak**je**
de fles	het fles**je**
het krat	het krat**je**
het blik	het blik**je**
het feest	het feest**je**
de school	het school**tje**
het bier	het bier**tje**
de cola	het col**aa**tje
de radio	het radi**oo**tje

het glas – het gl**a**asje

Chapter 6

Imperatives

normal sentence	imperative
Je **gaat** eerst naar www.nshispeed.nl.	**Ga** eerst naar www.nshispeed.nl.
Je **typt** dan het station van vertrek.	**Typ** dan het station van vertrek.
Daarna **vul** je de bestemming in.	**Vul** daarna de bestemming in.

Negations – *niet* **and** *geen*

niet	geen
Zie je de trein?	Zie je een trein?
Nee, ik zie de trein **niet**.	Nee, ik zie **geen** trein.
Heb je het kaartje?	Heb je een kaartje?
Nee, ik heb het kaartje **niet**.	Nee, ik heb **geen** kaartje.
Zijn dit de stoptreinen?	Zijn dit Ø stoptreinen?
Nee, dit zijn de stoptreinen **niet**.	Nee, dit zijn **geen** stoptreinen.

Omdat

want	omdat
Ik ga naar mijn oom, **want** hij **is** morgen jarig. Hij gaat met de trein, **want** hij **heeft** geen auto. We gaan naar het station, **want** we **moeten** een kaartje **kopen**. Ze gaat naar de conducteur, **want** ze **wil** hem iets **vragen**.	Ik ga naar mijn oom, **omdat** hij morgen jarig **is**. Hij gaat met de trein, **omdat** hij geen auto **heeft**. We gaan naar het station, **omdat** we een kaartje **moeten kopen**. Ze gaat naar de conducteur, **omdat** ze hem iets **wil vragen**.

Chapter 7

Er

without **er** *definite subject*	with **er** *indefinite subject*
De woonkamer is twintig vierkante meter. Het appartement is op de derde verdieping. Mijn nieuwe kamer is groter. Ons huis is vlak bij de supermarkt.	Er woont een student naast mij. Er staan twee stoelen in de kamer. Er is geen supermarkt in de buurt. Er staan Ø flats tegenover mijn huis.

Comparatives

adjective	comparative
nieuw	nieuwer (dan)
klein	kleiner (dan)
groot	groter (dan)
goedkoop	goedkoper (dan)
dik	dikker (dan)
wit	witter (dan)
duur	duurder (dan)
ver	verder (dan)

adjective	comparative
goed	beter (dan)
weinig	minder (dan)
veel	meer (dan)
graag	liever (dan)

appendix 2

Deze, die, dit, dat

	hier	daar
de	deze	die
het	dit	dat

Verbs of position

Liggen
Het boek **ligt** op de trap.

Zitten
Het boek **zit** in de tas.

Staan
Het boek **staat** in de boekenkast.

Hangen
De tas **hangt** aan de kapstok.

Chapter 8

Present perfect simple tense

regular verbs
Ik **heb** heerlijk **ge**wandel**d**. Hij **heeft** in Amsterdam **ge**studeer**d**. We **hebben** naar muziek **ge**luister**d**. Ze **heeft** haar moeder op**ge**bel**d**. Ze **heeft** met vrienden **ge**fiets**t**. Jullie **hebben** hard **ge**werk**t**. Ik **heb** een pizza **ge**maak**t**. We **hebben** het bed op**ge**maak**t**. *perfectum:* hebben/zijn + participle *participle:* (prefix) ge + stem + d/t **softketchup + x → +t**

voorbeelden **softketchup + x**
wandelen l → **not** in sftktchp + x → +d gewandeld **wer**ken k → in sftktchp + x → +t gewerkt antwoorden → geantwoord (only one 'd') praten → gepraat (only one 't')

Grammar

without *ge-*
The participle's of verbs starting with the following prefixes do not start with *ge-*:
ont- ontmoeten → Ik heb ... ontmoet.   er- erkennen → We hebben ... erkend.   her- herhalen → Hij heeft ... herhaald.   ver- verhuizen → Ze zijn ... verhuisd.   be- beloven → Jij hebt ... beloofd.   ge- geloven → Jullie hebben ... geloofd.

irregular verbs
gaan (zijn) gegaan   komen (zijn) gekomen   doen (hebben) gedaan   zijn (zijn) geweest   eten (hebben) gegeten   *etc.*

Inversion

time	verb (pv.)	subject	rest	participle
Vorige week	heb	ik	mijn familie	bezocht.
In het weekend	is	zij	naar Amsterdam	verhuisd.
Twee jaar geleden	ben	ik	naar Canada	gegaan.
Afgelopen maandag	zijn	wij	te laat op school	gekomen.
Gisteravond	hebben	ze	spaghetti	gekookt.
Eergisteren	heeft	hij	een film	gezien.

Verbs of transportation

lopen, zwemmen, rijden, varen, wandelen, vliegen, fietsen, reizen

Ik **heb** gelopen.
Ik **heb** een uur gelopen.
Ik **ben** naar het park gelopen.

Ik **heb** gereisd.
Ik **heb** in Frankrijk gereisd.
Ik **ben** naar Frankrijk gereisd.

appendix 2

Chapter 9

Zou(den)

zou(den) for a friendly question
Zou ik ... **kunnen** + infinite verb ? **Zou ik** ... **mogen** + infinite verb ?
Zou je/jij/u ... **kunnen** + infinite verb ? **Zou je/jij/u** ... **willen** + infinite verb ?
Zouden we/wij ... **kunnen** + infinite verb ? **Zouden we/wij** ... **mogen** + infinite verb ?
Zouden jullie ... **kunnen** + infinite verb ? **Zouden jullie** ... **willen** + infinite verb ?

Sentences with dat ...

first sentence	dat	second sentence
Hij zegt	dat	hij een biefstuk **wil**.
Ik denk	dat	ik morgen met mijn vriend **ga eten**.
Ze vinden	dat	het restaurant niet zo goed **is**.
Wij geloven	dat	de obers hier hard **moeten werken**.

Zijn + aan het + infinite verb

zijn	aan het	infinite verb
Wat **ben** je	aan het	doen?
Ik **ben** een boek	aan het	lezen.

Grammar

Chapter 10

Adjective

adjective without a noun
De broek is **blauw**. De trui is **bruin**. Het T-shirt is **geel**. Het vest is **grijs**. De broek is te **groot**. Het T-shirt is te **klein**.

adjective with a noun	
de words	De **blauwe** broek ... Een **blauwe** broek ... De **bruine** trui ... Een **bruine** trui ...
het words	Het **blauwe** T-shirt ... Een **blauw** T-shirt ... Het **bruine** vest ... Een **bruin** vest ...

Pronouns for objects

subject	object
*singular **de** words*	*singular **de** words*
De broek zit lekker. **Hij** zit lekker. **De trui** is nieuw. **Hij** is nieuw.	Ik koop **de broek**. Ik koop **hem**. Hij draagt **de trui**. Hij draagt **hem**.
het words	*het words*
Het T-shirt zit lekker. **Het** zit lekker. **Het vest** is nieuw. **Het** is nieuw.	Ik koop **het T-shirt**. Ik koop **het**. Hij draagt **het vest**. Hij draagt **het**.

appendix 2

plural *de* words	plural *de* words
De kleren zitten lekker. **Ze** zitten lekker.	Ik koop **de kleren**. Ik koop **ze**.
De schoenen zijn nieuw. **Ze** zijn nieuw.	Hij draagt **de schoenen**. Hij draagt **ze**.

Superlatives

superlatives		
adjective	comparative	superlative
groot	gr**o**t**er dan**	groot**st(e)**
mooi	mooi**er dan**	mooi**st(e)**
duur	duur**der dan**	duur**st(e)**
goed	beter	best(e)
weinig	minder	minst(e)
veel	meer	meest(e)
graag	liever	liefst(e)

Appendix 3
Irregular verbs

Vertaling	Infinitief		Voltooide tijd / perfectum
	bakken		gebakken
	beginnen	is	begonnen
	blijven	is	gebleven
	brengen		gebracht
	denken		gedacht
	doen		gedaan
	dragen		gedragen
	drinken		gedronken
	eten		gegeten
	gaan	is	gegaan
	geven		gegeven
	hangen		gehangen
	hebben		gehad
	helpen		geholpen
	heten		geheten
	kiezen		gekozen
	kijken		gekeken
	komen	is	gekomen
	kopen		gekocht
	krijgen		gekregen
	kunnen		gekund
	lezen		gelezen
	liggen		gelegen

_____	**lopen**	heeft/is	gelopen
_____	**moeten**		gemoeten
_____	**mogen**		gemogen
_____	**nemen**		genomen
_____	**ontbijten**		ontbeten
_____	**rijden**	heeft/is	gereden
_____	**scheren**		geschoren
_____	**schrijven**		geschreven
_____	**slapen**		geslapen
_____	**spreken**		gesproken
_____	**staan**		gestaan
_____	**vergeten**	heeft/is	vergeten
_____	**vinden**		gevonden
_____	**vliegen**	heeft/is	gevlogen
_____	**vragen**		gevraagd
_____	**wassen**		gewassen
_____	**wegen**		gewogen
_____	**weten**		geweten
_____	**willen**		gewild
_____	**zeggen**		gezegd
_____	**zien**		gezien
_____	**zijn**	is	geweest
_____	**zitten**		gezeten
_____	**zoeken**		gezocht
_____	**zwemmen**	heeft/is	gezwommen